解説動画
▶
QRコード付き

教室熱中！
めっちゃ楽しい

数学難問
1問選択システム
別巻

中学・高校レベル相当編

木村重夫

村瀬　歩・星野優子＋向山型数学研究会
編

まえがき

1 子ども熱中の難問を満載！

『教室熱中！めっちゃ楽しい算数難問1問選択システム』シリーズが大人気です。「子どもが熱中します！」「こんなシリーズが欲しかったです！」「教室に全巻置いておきます。」「学校図書に購入しました。」という反響が続きます。

難問シリーズ最後を締めくくる「中校・高校版難問1問選択システム」がついに出ました。これで難問シリーズは完結します。

TOSS中学数学，TOSS高校数学の先生たちが結集して作りました。単なる「難しいだけの問題」だけではなく，知恵を絞って解く問題，体力派でコツコツ解く問題，ヒラメキ重視の問題，基本の定理を組み合わせて解く問題，単元の復習になる問題，逆転現象が起こりやすい問題などさまざまな難問を集めました。

中学，高校の生徒はもちろん，大学生や大人対象でも十分役立つはずです。本書を活用すれば，次のような手応えを感じるでしょう。

> 「熱中」とはこのようなことなのか！という確かな手応え

時間が来たので終わろうとしても「まだやりたい！」という生徒。正答を教えようとしても「教えないで！自分で解きたい！」と主張する生徒。教師としてズシンと響く確かな「手応え」を感じることでしょう。

2 これまでになかった最強の難問集

新学習指導要領に対応させた，本シリーズの目玉がこれです。

> 新学習指導要領に対応！「デジタル新時代に対応する難問」
> (1) 論理的思考を鍛える問題10問
> (2) プログラミング思考問題10問
> (3) データの読解力問題10問
> (4) 読解力を鍛える文章問題10問

プログラミング学習やデータ読解力など，新学習指導要領に対応した難問を開発しました。最新の課題に対応させた難問です。生徒のもつ力を引き出してください。さらにスペシャルな付録をつけました。

> 教科書よりちょっぴり難しい「ちょいムズ問題」

すでに学習した内容から，教科書と同じまたはちょっぴり難しいレベルの問題をズラーッと集めました。教科書の総復習としても使えます。

3 デジタル時代に対応！ よくわかる動画で解説

本シリーズ編集でとくに力を注いだのが「解説動画」です。5問の中のとくに難しい問題に動画解説をつけました。各ページに印刷されているQRコードからYouTubeの解説動画にアクセスできます。問題を解くポイントをわかりやすい動画で解説します。授業される先生にとって「教え方の参考」になるはずです。教室でこの動画を映せば生徒向けの解説になります。新型コロナ等による在宅学習でもきっと役立つことでしょう。

木村重夫

刊行に寄せて
「考えるって楽しい」と言える授業を目指して

「5問中，どれでもかまいませんので，1問できたら100点です」
ユースウェア通りの言葉を告げる。
中学生の顔がグッと上がる。
「2問目ができたら，100点＋100点で，100点です」
一斉に視線がこちらを向く。
「2問目間違えた場合，100点＋0点で，0点です」
ええっ，という声が聞こえる。
ここまでの型通りの説明だけで，目の前の中学生は一気に，「難問」のとりこになった。

初めて「難問」にチャレンジしたのは新卒2年目，中学2年生を担任したときのことだった。
中学2年生に，小学6年生の問題を出したが，生徒達は熱中して1時間に取り組んだ。
持ってきた生徒ににこにこして×をつける。
「残念！」
周りが笑顔になる。×が増えるほど，全体が熱中していくのが分かる。
2問目で「あぁ～残念！　0点です」と全体に聞こえるように言うと，ドッと全体が湧く。
普段の授業とはまた違った生徒たちの表情が見えるのが，「難問」授業のよさだ。
最初は「0点になっちゃうんだったら，俺，2問目はやらない！」と言っていたやんちゃが先陣を切って2問目，3問目に取り組み，プリントを持ってくる。
「家で，お母さんと取り組みました！」という言葉も毎年聞かれるのが「難問」授業の良さだ。
「失敗しても気にせず，考えるって楽しいよね」と告げると，素直にうんうん，と頷く中学生。
この前向きな気持ちが，数学の授業全体につながっていくことが嬉しい。

今回は初めての中高シリーズの発刊となり，向山型数学研究会の仲間が何度も問題の検討・作り直しに立ち向かいながら無事発刊にたどり着くことができました。共に執筆に励んでくれた仲間たちを始め，貴重な機会をくださった木村重夫先生，学芸みらい社の樋口雅子様，そして何より，「難問」という授業を示し，喜んで学習する生徒の姿を創り出してくださった向山洋一先生に心より御礼申し上げます。
楽しんで取り組む中高生が一人でも多く生まれることを願っています。

TOSS志士舞　**星野優子**

シリーズの活用方法

① 授業したいページを選ぶ

　このシリーズの基本的な活用方法（ユーズウェア）を紹介します。

　まず，生徒に授業したい見開き2ページを選びます。初めて難問に出会う生徒たちの実態を考えて，1～2学年下のレベルの難問を与えることもよいでしょう。（中1生徒には小5～6レベル，高2生徒には中学レベル）

　5問を1枚に印刷します。人数分プラス余分に印刷しておくと「家でやりたい！」とう生徒に与えることができます。

② 生徒に難問1問選択システムを説明する

　初めて生徒に説明するときの教師の言葉です。

---

①難しい問題です。「難問」と言います。難問5問のうち，どの問題でもいいですから1問だけ選んで解きましょう。

②1問解けたら100点です。（子ども）たった1問？

③2問目をどうしても解きたい人は解いてもかまいませんが，もしも正解しても，

　【板書】100点＋100点＝100点です。（子ども）ええ!?

④もしも2問目を間違えたときは，

　【板書】100点＋0点＝0点です。（子ども）えええ!?

⑤先生が5問読みます。1問選んでください。

　（教師が読んでやらないと全体を見ないで1問目に飛びつく子がいます。）

⑥どの問題に挑戦したいですか。ちょっと聞いてみよう。1番，2番，3番，4番，5番。

　（クラスの傾向をつかみます。）どの問題でも100点に変わりありません。解けなかったら別の問題に変えてもかまいません。

⑦できたら持っていらっしゃい。用意，始め！

---

③ 教えないで×をつける

　解いた生徒が持って来ます。教師は〇か×だけつけます。「×」に抵抗がありそうな子には「✔」でもかまいません。このときのポイントはこれです。

解き方や答えを教えない。

「おしいなあ。(×)」「いい線いっているけど…。(×)」「なるほど！こうやったのか。でも×だな」「がんばったねえ。(×)」「これは高級な間違いだな。(×)」

など，にこやかに一声かけつつも×をつけます。解き方や答えは教えません。

　×をつけられた子は「ええー？」と言いながら席にもどり，再び挑戦します。

　何度も何度も挑戦させます。教師が解説してしまったら，生徒が自力で解いて「やったあ！」と喜ぶ瞬間を奪うことになります。

④ 挑発すると，いっそう盛り上がる

　難問の授業を盛り上げる手立てがあります。「挑発する」ことです。「みんなできないようだから，答えを教えましょうか。」「もう降参ですね?」笑顔で挑発します。「待ってー！」「答

えを言わないで。」「自分で解きます！」「絶対降参なんかしない！」生徒たちは絶叫します。教室がますます盛り上がります。

⑤ 力強くほめる

やがて難問を解く生徒が出てきます。力強くほめましょう。「すごい！〇〇さん100点！第1号だ」「5番を解いたのは□□君が初めてだ！」「なるほど！そういう解き方があったか。△△君方式だね。」

不思議なことに，誰か一人が突破するとクラス全体に波及して次々と解く子が出てきます。

⑥ 答え合わせは工夫して

答えをすぐに教えないことが基本です。家で解いてきた子がいたらたくさんほめましょう。解き方や答えを確認する方法はいくつかあります。子どもの実態や時間を考慮して工夫してください。

A　解けた生徒に黒板に書かせ，説明させる。
B　解けた生徒の解答用紙を教室に掲示する。
C　教師が板書して簡単に解説する。
D　本書の解説・解答ページをコピーして掲示する。
E　本書の解説・解答動画を見せる。
　（実にわかりやすい動画です。解説ページにあるQRコードからアクセスしてください。）

⑦ 生徒が熱中するシステム

「難問選択システム」は，「解けそうで解けない難問5問の中から1問だけ選んで解くシステム」です。やってみれば実感されるでしょうが，生徒は熱中します。×（バツ）をもらっても何度も何度も挑戦します。優れた難問と優れたシステムの融合なのです。

⑧ 選りすぐりの5問

本シリーズには，全国のたくさんの先生方が実践され，手応えを感じた難問を選び抜いてあります。見開き2ページの中に，計算問題・図形問題・文章問題・応用問題など，様々な問題を配置しました。5問の中から解けそうな1問を自分で「選ぶ」行為が知的なのです。

本書を活用して，あなたのクラスの生徒たちに「難問に挑戦する楽しさ」を味わわせていただけたらと思います。

2021年6月

木村重夫

目　次

まえがき　　…2…

シリーズの解説と活用方法　　…4…

※印の問題＝解説動画付き

教室熱中！中学１年相当・数学難問20例
（問題／解答と解説）

No.1　出題＝加藤佑典　　…12…

１ ２のn乗　２ 碁石の規則性　３ １次方程式
４ 円の面積　５ グラフで囲まれた面積

No.2　出題＝髙橋佳織　　…16…

１ 小町算　２ 面積の和　３ 図形の角度
４ 数の単位　５ ディオファントスの一生

No.3　出題＝髙橋 薫　　…20…

１ 数の和　２ カードの数　３ 和が１になる組合せ
４ ※三角形の面積　５ 順位の問題

No.4　出題＝大森雄一　　…24…

１ ※辺の並びの規則性　２ 常に負の数の式
３ 文字の式　４ １次方程式　５ 自動車の燃料費

教室熱中！中学２年相当・数学難問20例
（問題／解答と解説）

No.5　出題＝伊藤圭汰　　…28…

１ 脱出する時間　２ 魔方陣　３ 買い方の総数
４ 平行四辺形内の角度　５ 確率の応用問題

No.6　出題＝伊藤貴之　　　　　　　　　　…32…

　　　１規則性　　２長針・短針の角度　　３格子点の総数
　　　４※円を直線で分ける問題　　５切り取られた図形

No.7　出題＝加藤佑典　　　　　　　　　　…36…

　　　１単項式の応用問題　　２連立方程式の応用問題
　　　３最大公約数　　４平行四辺形内の角度
　　　５確率の応用問題

No.8　出題＝町田貴司　　　　　　　　　　…40…

　　　１連立方程式の応用問題　　２自然数の総数
　　　３確率の応用問題　　４一次関数の応用問題
　　　５※星形多角形の内角の総和

No.9　出題＝若松新之介　　　　　　　　　…44…

　　　１試合の総数　　２長さの比較　　３※一の位の数字
　　　４回転移動　　５仕事算

教室熱中！中学3年相当・数学難問20例
（問題／解答と解説）

No.10　出題＝伊藤貴之　　　　　　　　　　…48…

　　　１連立方程式の応用問題　　２数の総数
　　　３仕事算　　４円順列　　５※対角線の交点の総数

No.11　出題＝髙橋 薫　　　　　　　　　　…52…

　　　１本のページの総数　　２発言から得点を推測
　　　３※9÷10　　４相似の応用問題　　５図形の応用問題

No.12　出題＝若松新之介　　　　　　　　　　　　…56…

1 二次方程式の解　2 2乗を用いた数の総数
3 辺の長さ　4 ※確率の応用問題　5 軌跡の長さ

No.13　出題＝町田貴司　　　　　　　　　　　　…60…

1 連立方程式の応用問題　2 速度の応用問題
3 二次方程式の応用問題　4 角度の応用問題
5 ※最短経路

教室熱中！高校数学Ⅰ・A 相当 難問15例
（問題／解答と解説）

No.14　出題＝村瀬 歩　　　　　　　　　　　　…64…

1 分母の有理化　2 指数法則　3 条件付き確率
4 整数問題　5 ※面積の最大値

No.15　出題＝田中雅子　　　　　　　　　　　　…68…

1 分母の有理化　2 正十二角形の面積　3 ※20!
4 円と直線の問題　5 直線が作る図形の総数

No.16　出題＝海老井基広　　　　　　　　　　　　…72…

1 2次関数場合分け　2 ※階乗を用いた問題
3 4次方程式を求める問題　4 余弦定理の求値問題
5 確率の応用問題

教室熱中！高校数学 II・B 相当 難問 15 例
（問題／解答と解説）

No.17 出題＝村瀬 歩 …76…

1※3 次方程式の応用問題　2※放物線の拡大
3三角関数の応用問題　4 3 次方程式の実数解
5数列の一般項

No.18 出題＝田中雅子 …80…

1連分数　2※ハートの面積　3群数列
4指数・対数　5三角関数の応用問題

No.19 出題＝海老井基広 …84…

1階差数列　2※軌跡のグラフ　3最高位の数字
4三角方程式　5正方形に内接する円の方程式

教室熱中！論理的思考 難問 12 例
（問題／解答と解説）

No.20 出題＝伊藤貴之 …88…

1トーナメントの順位　2塗られた立方体の総数
3※選挙の当選　4ベン図を用いた問題

No.21 出題＝伊藤貴之 …92…

1 100% 割引？　2得点の問題
3※リーグ戦の順位　4正八面体の面

No.22 出題＝伊藤貴之 …96…

1ウソつきを当てる問題　2サイコロの目
3塗分けの総数　4※ジュースの総数

教室熱中！**プログラミング思考 難問 12 例**
(問題／解答と解説)

No.23　出題＝伊藤貴之　　　　　　　　　　　　　…100…

　①図形から数を推測　②文字の配列から式を推測
　③数の組み合わせ　④記号の並び順

No.24　出題＝伊藤貴之　　　　　　　　　　　　　…104…

　①ペンの持ち主　②※平均点を超えた教科
　③式から数を推測　④鬼ごっこで勝つ方法

No.25　出題＝伊藤貴之　　　　　　　　　　　　　…108…

　①※2進法　②※降りた駅と乗った駅
　③タイルの置き方　④※数の組み合わせ

教室熱中！**データ読解 中学難問 9 例**
(問題／解答と解説)

No.26　出題＝村瀬 歩（中1相当）　　　　　　　…112…

　①最頻値と中央値　②ヒストグラムの読み取り
　③ヒストグラムの作成

No.27　出題＝村瀬 歩・海老井基広（中2相当）　…116…

　①箱ひげ図の読み取り　②散布図と箱ひげ図
　③確率の応用問題

No.28　出題＝村瀬 歩（中3相当）　　　　　　　…120…

　①母集団と標本　②調査方法の検討
　③仮平均の応用問題

教室熱中！読解力 難問 12 例 (問題／解答と解説)

No.29 出題＝伊藤貴之 ⋯124⋯

⓵飼っているペット ⓶※お店の位置関係
⓷速さの応用問題 ⓸２番目に多く釣った魚の数

No.30 出題＝伊藤貴之 ⋯128⋯

⓵６人の座り方 ⓶ビー玉の取り方
⓷※原価の問題 ⓸表の読み取り

No.31 出題＝伊藤貴之 ⋯132⋯

⓵トランプのマーク ⓶得点の多い順
⓷対偶 ⓸※台車の数

教室熱中！ちょいムズ問題 (問題／解答と解説)

中学1年「ちょいムズ問題」 出題＝髙橋 薫・田中雅子・伊藤貴之 ⋯136⋯

全14問 選択学習 ○7問コース ○全問コース

中学2年「ちょいムズ問題」 出題＝髙橋佳織・田中雅子・伊藤貴之 ⋯137⋯

全14問 選択学習 ○7問コース ○全問コース

中学3年「ちょいムズ問題」 出題＝田中雅子・伊藤貴之 ⋯138⋯

全14問 選択学習 ○7問コース ○全問コース

高校「ちょいムズ問題」 出題＝村瀬 歩 ⋯139⋯

全10問 選択学習 ○5問コース ○全問コース

あとがき ⋯140⋯

執筆者紹介 ⋯142⋯

難問 NO.1

★問題が5問あります。1問のみ選んで解きなさい。

1 ①～④にあてはまる数字を入れなさい。

答（① 　　　，② 　　　，③ 　　　，④ 　　　）

2 黒と白の碁石を正六角形の形にし，少しずつ大きくしていきます。白の
碁石が黒の碁石よりも12個多くなるのは，何回目まで並べたときですか。

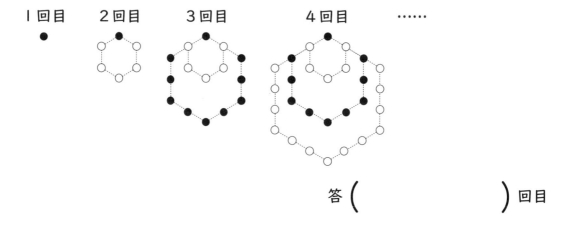

答（ 　　　　　　　）回目

3 ゆうじさんとたろうさんがそれぞれ別の店で同じ定価のTシャツを4着
買ったところ，支払金額が同じになりました。Tシャツの定価を求めなさ
い。A店とB店のそれぞれの割引内容は以下の通りです。

A店　大感謝セール！定価の30％引き！
B店　3着以上お買い上げのお客様には，合計金額から1200円引きします！

答（ 　　　　　　　）円

4　半円O'は，半径6㎝の半円Oを，点Aを中心に60°矢印の方向に回転移動したものです。斜線部の面積を求めなさい。ただし，円周率はπとします。

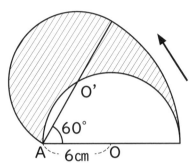

答（　　　　　　　　　　　）cm²

5　下の図で，①は反比例のグラフで，点Aは①のグラフ上の点です。また②は比例のグラフy＝xで，点Bで①のグラフと交わっています。点A，Bのx座標は，それぞれ2，4です。△AOBの面積を求めなさい。
ただし，1目盛りを1㎝とします。

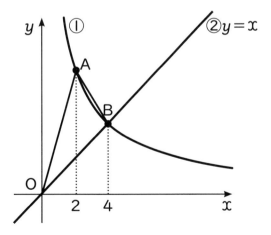

答（　　　　　　　　　　　）cm²

1　答　①2，②0，③9，④6

$$2^{\boxed{12}} = 4\boxed{0}\boxed{9}\boxed{6}$$

$2^{10}=1024$，$2^{12}=1024×2×2=4096$と計算。

2　答　6回目

奇数回目に多いのが黒，偶数回目に多いのが白。

	1回目	2回目	3回目	4回目	5回目	6回目
黒の碁石（個）	1	1	10	10	27	27
白の碁石（個）	0	5	5	18	18	39
黒と白の差	1	4	5	8	9	12

3　答　1000円

Tシャツの定価をx円とする。

A店は定価の30%引きで売っているので，1着あたり$0.7x$円になる。A店で4着を買ったときの代金の合計は，$(0.7x×4)$円。B店は，3着以上買ったときに1200円引きなので，B店で4着を買ったときの代金の合計は，$(4x-1200)$円

よって，合計金額が等しいことから，以下の方程式がつくれる。

$0.7x×4 = 4x-1200$

この方程式を解くと，$x=1000$

4 **答　24π㎠**

60°回転させてできたおうぎ形と回転させた
半円O'をあわせた図形の面積を求めると，

$$12^2 \times \pi \times \frac{60}{360} + 6^2 \times \pi \times \frac{180}{360}$$

$$= 24\pi + 18\pi = 42\pi$$

図より，半円Oの面積を引くと，$42\pi - 18\pi = 24\pi$

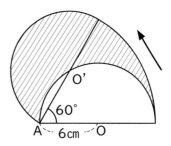

5 **答　12㎠**

②$y = x$に，$x = 4$を代入すると，$y = 4$である。よって，点Bの座標は$(4, 4)$となる。①は反比例のグラフである。点Bの座標の値から比例定数を求めると，
$4 \times 4 = 16$。よって，①のグラフは，$y = \dfrac{16}{x}$ になる。

①$y = \dfrac{16}{x}$ に，$x = 2$を代入すると，$y = 8$である。
よって，点Aの座標は$(2, 8)$となる。点Aからy軸に並行な線を引いたとき，②とのグラフの交点をE，x軸との交点をFとする。点Eの座標は$(2, 2)$である。
$\triangle AOB = \triangle AOE + \triangle ABE$で求められる。

$$\triangle AOE = \triangle AOF - \triangle EOF = \frac{1}{2} \times 2 \times 8 - \frac{1}{2} \times 2 \times 2 = 6$$

点A，Eのy座標は，それぞれ8，2からAEの長さは6。点Bからy軸に並行な線を引いたときのx軸との交点をGとする。点F，Gのx座標は，それぞれ2，4からFGの長さは2である。
よって，$\triangle ABE$の底辺6，高さ2とすると，

$$\triangle ABE = \frac{1}{2} \times 6 \times 2 = 6$$

よって，$\triangle AOB = 6 + 6 = 12$

〈別解あり〉
$\triangle AOE$のAEを底辺とすると高さはOF＝2である。

$$\triangle AOE = \frac{1}{2} \times AE \times OF = \frac{1}{2} \times 6 \times 2 = 6$$

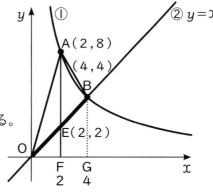

【引用文献】
⑤『ダブルトライ 数学の学習1東京書籍版』2019年 P.122（とうほう社）

★問題が5問あります。1問のみ選んで解きなさい。

1　下の式の□の中に，＋，－，×，÷の記号のどれかを入れて，計算の答えが50になるようにしましょう。ただし，使わない記号があってもよいです。

12□3□4□5□6□7□8□9＝50

2　図の黒丸印の点は各辺を4等分した点です。斜線部分の面積の和は三角形全体の面積の何分のいくつですか。

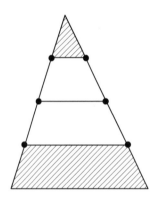

答（　　　　　　　　　）

3　∠a＋∠b＋∠c＋∠d＋∠e＋∠f は何度ですか。

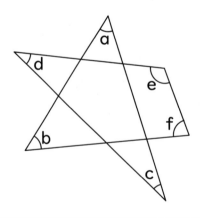

答（　　　　　　）度

名前 （　　　　　　　　　　　　）

4 自然数は限りなくありますが，大きな数には昔から名前がつけられています。江戸時代に吉田光由が編集した『塵劫記』には，大きな数の名前が紹介されています。

一，十，百，千，万，億，兆，京，垓，秭，穣，溝，潤，正，載，極，恒河沙，阿僧祇，那由他，不可思議，無量大数

一，十，百，千，万までは，１桁ごとに新しい名前がつき，そこからは４桁ごとに名前がついています。

　次の数を『塵劫記』で紹介された大きな数の名前にしたがって読み，「十億」のように，漢数字と桁数を表す記号でかいてみましょう。

1,000,000,000,000,000,000,000,000,000,000,000,000,000,000,000,000,000,000,000,000,000,000,000

答 （　　　　　　　　　　　　）

5 ディオファントスの少年時代は一生の $\frac{1}{6}$ ，青年時代は一生の $\frac{1}{12}$ でした。その後，一生の $\frac{1}{7}$ を独身としてすごしてから，結婚しました。彼が結婚してから５年後に子どもが生まれました。その子どもは父の一生の半分だけ生き，父より４年前にこの世を去りました。

　ディオファントスは何歳まで生きたのでしょうか。

答 （　　　　　　　　　　　　）歳

1 答 （例）12÷3×4×5＋6×7－8×9＝50
　　　　　　12÷3÷4－5×6＋7＋8×9＝50
　　　　　　12÷3×4×5－6－7－8－9＝50
　　　　　　12－3＋4×5×6－7－8×9＝50　など

　　答えは様々あります。

2 答 2分の1

　2つの三角形をくっつけると平行四辺形になる。
　三角形の面積を1とすると，平行四辺形の面積は2。
　平行四辺形の斜線部分の面積は，平行四辺形の面積の
　2分の1。つまり1となる。
　求める三角形の斜線部分の面積は，
　平行四辺形の斜線部分の面積の2分の1である。
　よって，下の三角形の面積に対し，斜線部分の面積は2分の1である。

〈別解あり〉
　三角形の斜線部分の上側の三角形の面積は，辺の長さが全体の4分の1なので
　16分の1。下の方の面積は全体の16分の7。合計で16分の8，よって2分の1。

3 答 360度

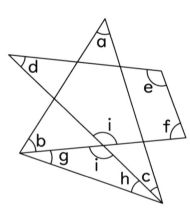

　図のように，∠g，∠h，∠iとする。
　どちらも三角形の内角の和なので
　∠a＋∠b＋∠c＋∠g＋∠h＝180°
　∠i＋∠g＋∠h＝180°
　つまり，∠a＋∠b＋∠c＝∠i
　したがって，四角形の内角の和は360°だから
　∠a＋∠b＋∠c＋∠d＋∠e＋∠f＝∠i＋∠d＋∠e＋∠f＝360°

4 答　千那由他

1,000,000,000,000,000,000,000,000,000,000,000,000,000,000,000,000,000,000,000,000

↑	↑	↑	↑	↑	↑	↑	↑	↑	↑	↑	↑	↑	↑	↑
那由他	阿僧祇	恒河沙	極	載	正	潤	溝	穣	秄	垓	京	兆	億	万

5 答　84歳

ディオファントスはx歳まで生きたとすると

少年→$\dfrac{1}{6}x$　　　　結婚するまでに　　　$\dfrac{1}{6}x+\dfrac{1}{12}x+\dfrac{1}{7}x$

青年→$\dfrac{1}{12}x$　　　子どもが生まれるまでに　$\dfrac{1}{6}x+\dfrac{1}{12}x+\dfrac{1}{7}x+5$

独身→$\dfrac{1}{7}x$　　　　子どもは父の一生の半分だけ生きた　→$\dfrac{1}{2}x$

父　x年

$\left(\dfrac{1}{6}x+\dfrac{1}{12}x+\dfrac{1}{7}x+5\right)$年　　　$\dfrac{1}{2}x$年　　　4年

$$\dfrac{1}{6}x+\dfrac{1}{12}x+\dfrac{1}{7}x+5+\dfrac{1}{2}x+4=x$$

これを解いて　$x=84$

【引用文献・参考文献】
②③向山洋一『向山型算数教え方教室 臨時増刊』2003 年 7 月 P.77（明治図書出版）

★問題が5問あります。1問のみ選んで解きなさい。

1 　下の表にある数をすべてたしなさい。

	2	3	4	5	6	7	8	
2		6	8	10	12	14		18
3	6		12	15	18		24	27
4	8	12		20		28	32	36
5	10	15	20		30	35	40	45
6	12	18		30		42	48	54
7	14		28	35	42		56	63
8		24	32	40	48	56		72
	18	27	36	45	54	63	72	

答（　　　　　　　　）

2 　−5から6の整数がかかれたカードが1枚ずつ，合計12枚あります。松子さん，竹子さん，梅子さんの3人が4枚ずつとりました。すると3人の持っているカードにかかれた数の和が3人とも同じになりました。
次の3つのヒントを読んで問いに答えなさい。

ヒント1：松子さんには−1と6があります。
ヒント2：竹子さんには0と2があります。
ヒント3：梅子さんには−5があります。

　さて，梅子さんの持っている−5以外のカードにかかれている数字はそれぞれいくつか，求めなさい。

答（　　　　　　　　）

3　下の10個の◇の中に，－4から5までの整数を1つずつ入れて，3つの◇◇の中の数の和が，どれも1になるようにしなさい。

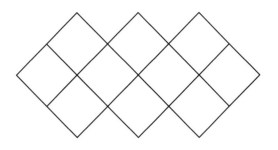

4　適当な形の三角形をかき，3つの頂点から向かい合った辺を2：1に分ける3本の直線を右の図のようにかきます。斜線で示した三角形の面積は，もとの三角形の面積の何分のいくつになるか，求めなさい。

答（　　　　　　　　　　　　）

5　さくらさん，えりかさん，あやさん，まおさん，なつみさんの5人が800mを走りました。次の会話から5人の順位を求めなさい。

さくらさん「わたしの前には2人以上の人がいたけど，えりかさんよりは前でした」

まおさん　「わたしのすぐ前がなつみさんでした」

あやさん　「わたしの後ろには2人いたよ」

1位	さん
2位	さん
3位	さん
4位	さん
5位	さん

答

解答と解説 No.3

1 答 1600

九九表の一部の数を抜かしたものである。
例えば，横にたしていくと，下の図のようになる。

	2	3	4	5	6	7	8	
2		6	8	10	12	14		18
3	6		12	15	18		24	27
4	8	12		20		28	32	36
5	10	15	20		30	35	40	45
6	12	18		30		42	48	54
7	14		28	35	42		56	63
8		24	32	40	48	56		72
	18	27	36	45	54	63	72	

→合計は45，45−10＝35
→45×2＝90，90−20＝70
→45×3＝135，135−30＝105
→45×4＝180，180−40＝140
→45×5＝225，225−25＝200
→45×6＝270，270−60＝210
→45×7＝315，315−70＝245
→45×8＝360，360−80＝280
→45×9＝405，405−90＝315

規則性を見つけると計算しやすくなる。

2 答 −2と4と5

−5から6までを全て加えると6になる。
これを3で割ると，カードの数の合計が3人とも2になることが分かる。
松子さんは，（−1）＋6＝5であるから，あと2枚のカードで−3にしたい。
残っているカードで−3になるのは，−4と1のときだけである。
竹子さんも同じように考えると，−3と3になる。
梅子さんは残りのカードになるので，−2と4と5になる。

3 答

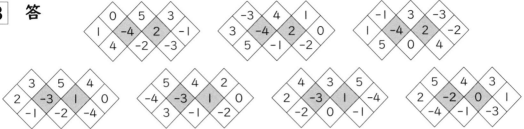

　－4から5までたすと5になる。網掛けの部分は二重にたされているから，
{5＋（網掛けの部分）}÷3＝1となる。

　これを解くと，（網掛けの部分）＝－2ということが分かる。

　したがって，（網掛けの部分）に入る数は－4と2，－3と1，－2と0の3通りである。このように考えていくと，例えば上記のような解答がある。

（解答は他にもあります）

4 答 7分の1

網掛けのような平行四辺形を作る。
面積は，①の三角形の4つ分である。
対角線で分けると2つ分になる。
同様にして考えると，元の三角形の
面積は①の三角形の7つ分になる。

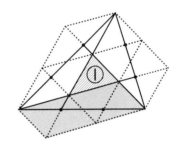

▶解説動画

5 答 1位：なつみさん，2位：まおさん，3位：あやさん
　　　4位：さくらさん，5位：えりかさん

あやさんの言葉から，あやさんは3位になる。

次に，さくらさんの言葉から，さくらさんを⑤，えりかさんを⑥として，1位から順に並べると

A：○○⑤⑥○　B：○○⑤○⑥　C：○○○⑤⑥の3通り考えられるが，

あやさんが3位なので，AとBは間違い。したがって，○○⑥⑤⑥となる。

最後に，まおさんの言葉から1位と2位が分かる。

【引用文献】
①中山和明『教室熱中！難問1問選択システム6年』2003年 P.66（明治図書出版）
②③算数オリンピック委員会『算数オリンピックに挑戦 '00 ～ '03年度版』2004年 P.38（講談社）
④中村義作『解ければ天才！算数100の難問・奇問』1988年 P.89（講談社）
⑤中村義作『解ければ天才！算数100の難問・奇問 part2』1990年 P.101（講談社）

★問題が5問あります。1問のみ選んで解きなさい。

1　下の図のように同じ長さの棒を使って正三角形を1個つくり，1番目の図形とする。1番目の図形の下に，1番目の図形を2個置いてできる図形を2番目の図形，2番目の図形の下に，1番目の図形を3個置いてできる図形を3番目の図形とする。以降，それを繰り返す。棒の総数が300本をこえるのは，何番目の図形か求めなさい。

1番目　　　2番目　　　　3番目　　　　……

答（　　　　　　　　　　）番目

2　aが正の整数，bが負の整数で，$a+b$が正の整数のとき，次のア～クの式のうち，常に負の数になるものをすべて選びなさい。

㋐ a　　　　㋑ b　　　　㋒ $a-b$　　　㋓ a^2+b
㋔ $a-b^2$　　㋕ $-a+b^2$　㋖ $(a+b)^2$　㋗ $-(a-b)^2$

答（　　　　　　　　　　）

3　1辺の長さが1mの正八角形ABCDEFGHがあります。点PはAから反時計回りに毎秒1mずつ辺上を動き，点QはAから時計回りに毎秒3mずつ辺上を動きます。P，Qがa回出会うとき，それまでにQが動いた長さをaを用いた式で表しなさい。ただし，aは自然数とします。

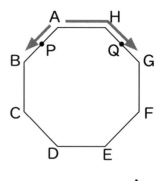

答（　　　　　　　　　　）m

4 下の表は，クッキーAを1個とクッキーBを1個を作る場合に必要な小麦粉とバターの量を表したものです。クッキーAをクッキーBより10個多く作ったとき，使用する小麦粉の総量が，使用するバターの総量の2.8倍になりました。このとき，クッキーAを何個作ったでしょうか。

	小麦粉（g）	バター（g）
クッキーA	8	3
クッキーB	7	2

答 （　　　　　　　　　　　）個

5 Aさんは，ハイブリット自動車，電気自動車，水素自動車のどれを買おうか悩んでいます。そこで自動車を15万km走らせた場合，燃料費（電気費用）と価格の合計は，どれが最も安くなるかを以下の表を用いて計算しました。

記号	自動車の種類	燃料費（電気費用）	価格
⑦	ハイブリット自動車	1km走るのに8円かかる	3,400,000円
⑦	電気自動車	6km走るのに30円かかる	4,000,000円
⑦	水素自動車	5km走るのに40円かかる	7,000,000円

下の①～⑤をうめなさい。（①，②，④は記号を，③，⑤は数字をかきなさい。）Aさんは以下のように求めました。

15万km走らせた場合，① ＿＿＿＿＿（記号）が最も安くなります。
なぜなら，② ＿＿＿＿＿（記号）は，①より③ ＿＿＿＿＿円 高くなり，
④ ＿＿＿＿＿（記号）は，①より⑤ ＿＿＿＿＿円 高くなるからです。

答 （①　　　　　，②　　　　　，③　　　　　，④　　　　　，⑤　　　　　）

1 答 14番目

1番目   2番目   3番目   4番目

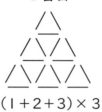

▶解説動画

1×3

$(1+2) \times 3$

$(1+2+3) \times 3$

$(1+2+3+4) \times 3$

三角形1個につき, 3辺あるので, 1番目の図形の棒の本数を1×3とすることができる。すると, 2番目の図形は, 1番目の図形に2個の三角形を加えたから $(1+2) \times 3$ となる。よってn番目は $(1+2+3+\cdots+n) \times 3$ となる。

$(1+2+3+\cdots+n) \times 3 > 300$ $1+2+3+\cdots+n > 100$(両辺を3で割った)

あとは, 1からnまでの総和を求めていく。$1+2+3+\cdots+10=55$

$1+2+3+\cdots+14=105$で, はじめて100をこえる。よって, 答えは14番目。

2 答 ⑦, ⑦

常に負の数にならなければいけないため, 負の数にならない例（反例）を探す。

（常に負の数となるものは○, そうでないものは×と表す。）

⑦：×（反例：$a=3$）   ⑦：○

⑦：×（反例：$a=3$, $b=-2$）   ⑦：×（反例：$a=3$, $b=-2$）

⑦：×（反例：$a=3$, $b=-2$）   ⑦：×（反例：$a=3$, $b=-2$）

⑦：×（反例：$a=3$, $b=-2$）   ⑦：○

よって, ⑦, ⑦のみとなる。

3 答 $6a$(m)

Cで出会うのが2秒後, Eで出会うのが4秒後, Hで出会うのが6秒後, ・・・のように, 2n秒後でPとQが出会う。（nは自然数とする。）

QはPと1回出会うのに,

（Qが動いた長さ）＝（毎秒3m）×2秒＝6m動くことになるので,

a回出会ったときは$6a$(m) 動くことになる。

4 答 14個

クッキーAをx個作ったとして，小麦粉の総量をxを使った式で表すと，

$8x+7(x-10)=8x+7x-70=15x-70$

バターの総量をxを使った式で表すと，

$3x+2(x-10)=3x+2x-20=5x-20$

よって，$15x-70=2.8(5x-20)$となり，方程式を解く。

$$15x-70=14x-56$$
$$x=14となる。$$

5 答 ①ア，②イ，③150,000円，④ウ，⑤3,600,000円
（②③と④⑤は順不同）

以下，燃料費（電気費用）は1kmあたりでかかる費用とすると，

150,000km走った場合，

アは，価格3,400,000円　燃料費8円×150,000km＝1,200,000円
　　　合計4,600,000円

イは，価格4,000,000円　電気費用5円×150,000km＝750,000円
　　　合計4,750,000円

ウは，価格7,000,000円　燃料費8円×150,000km＝1,200,000円
　　　合計8,200,000円

よって，最も安いのはアとなる。

また合計金額を比較すると，その差も求められる。

イの合計－アの合計＝150,000円

ウの合計－アの合計＝3,600,000円

【引用・参考文献】
②③『令和2年度用 数学の新研究（数学）』2019年 P.11, P.21（新学社）

★問題が５問あります。１問のみ選んで解きなさい。

1　カエルが深さ30mの井戸に落ちてしまいました。カエルは１時間ごとに３m登りますが，その直後に２mずり落ちてしまいます。カエルが井戸から脱出するには何時間かかるか求めなさい。

答（　　　　　　　　　　　）時間

2　下の表は，縦・横・斜めすべての列で，和が同じになります。整数A，整数Bはいくつですか。あてはまる数を求めなさい。？はわからない整数です。

A	−3	4
3	1	?
B	?	?

答（A＝　　　　　　，B＝　　　　　　）

3　１個60円のチョコレート，１個40円のあめ，１個20円のガムが売られています。このチョコレートとあめ，ガムを買って，代金をちょうど500円にしたいです。買い方は全部で何通りあるか求めなさい。ただし，すべての品物は１個以上は買うものとします。

答（　　　　　　　　　　　）通り

4 四角形ＡＢＣＤは平行四辺形でAF，DEはそれぞれ∠BAD，∠ADCの二
等分線です。AB＝7㎝，AD＝11㎝のとき，EFの長さを求めなさい。

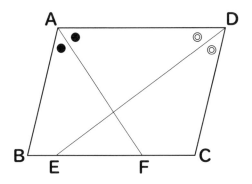

答 （　　　　　　　　　） ㎝

5 △ABCの頂点A，B，Cにアリが1匹ずついます。アリは，三角形の辺
に沿って，自分がいる頂点からとなりの頂点にそれぞれ等しく一定の速さ
で動きます。そして，自分がいる頂点から等しい確率で2つの頂点のうち
の1つに進みます。今，3匹のアリが同時に移動を始めるとして，アリ同
士が衝突してしまう確率を求めなさい。

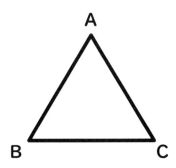

答 （　　　　　　　　　）

1 答　28時間

１時間に１mずつ登ることができる。27m登るのに27時間かかる。

最後の１登りでは，出口にたどりつけばもう落ちることはないので，たどりつ
けるだけ登れば良い。

次の１時間で３m登り，30mになるので，28時間

2 答　A＝2，B＝－2

縦と横の和が等しいので　A＋（－3）＋4＝A＋3＋B

　　　　これを解くと　　　　　　　　B＝－2

斜めの列の和を計算すると－2＋1＋4＝3　となり，

すべての列は和が3であることがわかる。

よって，A＋（－3）＋4＝3

これを解くと　　　　　A＝2

3 答　40通り

チョコレートを8個以上買うと，60円×8個＝480円となり，あめとガムを買え
なくなる。よってチョコレートは7個までしか買えない。これをふまえた上で，
チョコレートの数をx個，あめをy個，ガムをz個買ったとする。

等式を立てると，$60x＋40y＋20z＝500$となる。

両辺を20で割って，等式を簡単にすると　$3x＋2y＋z＝25$となる。

この式が成り立つ（x，y，z）の組をチョコレート（x）が１個〜７個の場合に
分けて考える。

１個の場合	２個の場合	３個の場合	４個の場合	５個の場合	６個の場合	７個の場合
(1, 1, 20)	(2, 1, 17)	(3, 1, 14)	(4, 1, 11)	(5, 1, 8)	(6, 1, 5)	(7, 1, 2)
(1, 2, 18)	(2, 2, 15)	(3, 2, 12)	(4, 2, 9)	(5, 2, 6)	(6, 2, 3)	１通り
(1, 3, 16)	(2, 3, 13)	(3, 3, 10)	(4, 3, 7)	(5, 3, 4)	(6, 3, 1)	
・	・	・	・	(5, 3, 2)	３通り	
・	・	・	・	４通り		
・	・	・	・			
(1, 10, 2)	(2, 9, 1)	(3, 7, 2)	(4, 6, 1)			
10通り	9通り	7通り	6通り			

よって，$10＋9＋7＋6＋4＋3＋1＝40$

4 答 3cm

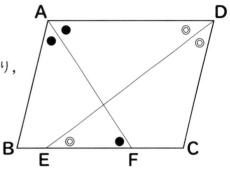

平行線の錯角が等しいから
∠ADE＝∠CED　∠DAF＝∠AFB
これと仮定から2つの角が等しいことがわかり，
△CDEと△ABFは二等辺三角形となる。
したがって，BA＝BF，CD＝CE。
重なる部分EFの長さは
7cm＋7cm－11cm＝3cm

5 答 $\dfrac{3}{4}$

A，B，Cにいるアリの動きを樹形図を使って表すと，
図のように全部で8通りある。
そのうち，衝突するのは6通り。
したがって，求める確率は
$$\dfrac{6}{8}＝\dfrac{3}{4}$$

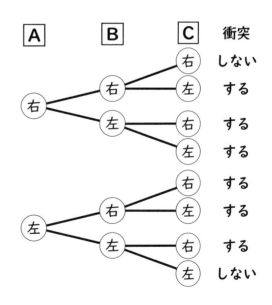

【引用・参考文献】
4『明日は未来だ！』https://sist8.com/3tr

★問題が５問あります。１問のみ選んで解きなさい。

1　ある規則にしたがって数字が並んでいます。
　　1, 2, 4, 6, 10, 12, 16, 18, ……
　　最初から数えて10番目の数はいくつですか。

答（　　　　　　　）

2　図のように時計の針が10時20分をさしています。これから11時までの
　間で，時計の長針と短針でできる角が135度になるのは10時何分ですか。

答（　10時　　　　分）

3　2つの比例のグラフ$y = 8x$，$y = \dfrac{1}{8}x$と
　反比例のグラフ$y = \dfrac{8}{x}$（$x > 0$）で囲まれている範囲で，
　x座標もy座標も整数である点は何個ありますか。
　グラフ上の点もすべて含みます。

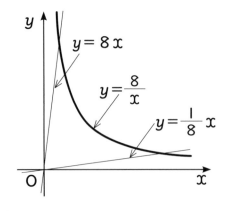

答（　　　　　）個

4　円を直線で分けることを考えます。１本の直線では２個に分けることができます。２本の直線では，３個に分ける場合と４個に分ける場合があります。５本の直線で出来るだけ多くに分ける場合，何個に分けることができますか。また，図にも線をかき込みなさい。

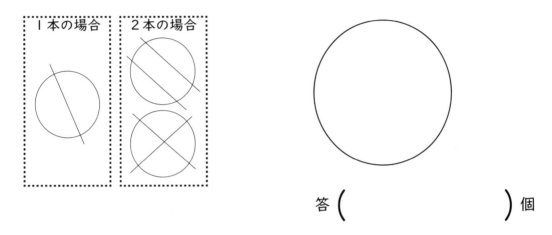

答（　　　　　　　　　　）個

5　正方形の紙を図のように半分になるように４回折り，一番右の図の形になりました。この図で色がぬられている直角二等辺三角形の部分を切り取って，もとの正方形に開いたとき，どのような形になるでしょうか。定規を使って下の図にかきなさい。切り取られた部分は色でぬりなさい。切り取られた部分の長さは厳密でなくて構いません。

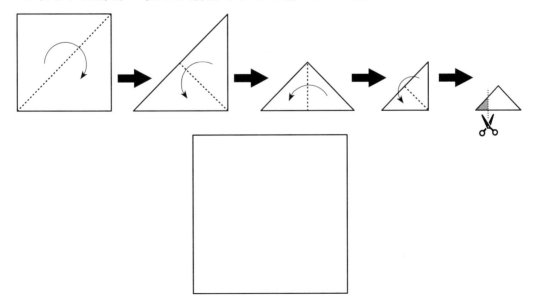

1 答 28

この数字の並びにそれぞれ1を足すと
2, 3, 5, 7, 11, 13, 17, 19, …
素数を小さい順に並べた数になっている。素数の10番目は29であるから,
29-1=28

2 答 10時30分

長針　60分で360°回転→x分では6x°回転。
短針　1時間(60分)で30°回転→x分では0.5x°回転。
数字の「4」の位置を基準とすると,
現在の短針の位置は,190°。
x分後に,長針と短針で135°になるから
6x+135=190+0.5x　これを解くと
x=10
10分後,つまり10時30分

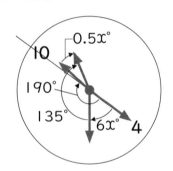

3 答 21個

グラフ上の点および原点もすべて含めて
数えると21個

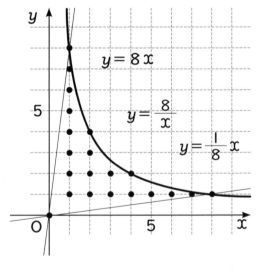

4 答　16個

①～⑤の順で引いたと考える。

2本で4個に分ける。

3本目を，2つの線に交わるように引くと7個に分けられる。

4本目を，3つの線に交わるように引くと11個に分けられる。

5本目を，4つの線に交わるように引くと16個に分けられる。

〈図の例〉

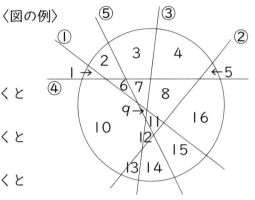

▶解説動画

5 答

切った状態から逆をたどればよい。一番左の図のようになる。

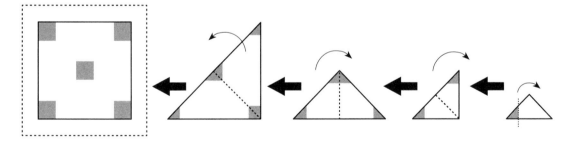

【引用・参考文献】
1 藤村幸三郎 田村三郎『パズル数学入門』1977年 P.125（講談社）
2 『公務員試験 数学・数的処理』2015年 P.244（TAC株式会社）
4 向山洋一『向山洋一算数の授業1』音声CD（東京教育技術研究所）
5 『数的推理・判断推理 公務員試験合格問題集』2018年 P.221（新星出版社）

★問題が5問あります。1問のみ選んで解きなさい。

1 次の式の①，②に，＋，－，×，÷のいずれかを入れ,計算の結果が1になるように，①，②にあてはまる記号をかきなさい。

$$(3x^2y \boxed{①} xy \boxed{②} 2x^3y^2) \div x^3y^2 = 1$$

答（① 　　　　，② 　　　　）

2 次の連立方程式を解きなさい。

$$\begin{cases} 2(4x+3y)-(\dfrac{1}{2}x-\dfrac{1}{3}y)=4 \\ 5(4x+3y)+3(\dfrac{1}{2}x-\dfrac{1}{3}y)=-1 \end{cases}$$

答（ $x=$ 　　　　， $y=$ 　　　　）

3 120と140の最大公約数はいくつですか。

答（ 　　　　　　　）

4 　平行四辺形ABCDで対角線の交点をOとし，∠OBC＝15°です。点Aから辺BCに垂線を引き，BCとの交点をEとします。
　△AOEが正三角形のとき，∠ODCの大きさを求めなさい。

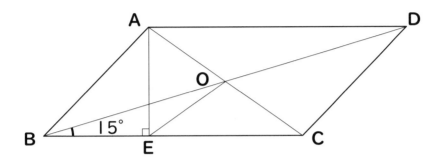

答 （∠ODC＝　　　　　　　　　　　） 度

5 　大小2個のサイコロを投げるとき，大きいサイコロの出た目の数をx，小さいサイコロの出た目の数をyとします。$2x^2-y=4$となる目の出方は何通りありますか。

答 （　　　　　　　　　　　） 通り

1 答 ①×，②－

答えが１になることから，（　）の中の計算結果がx^3y^2としなければいけない。（　）の中にある３つ目の項が$2x^3y^2$であるから，①に×をいれると，xとyの指数が同じになる。

上記の記号を入れた式が以下である。

$$(3x^2y \times xy - 2x^3y^2) \div x^3y^2 = (3x^3y^2 - 2x^3y^2) \div x^3y^2$$
$$= x^3y^2 \div x^3y^2$$
$$= 1$$

2 答 $x = -2$，$y = 3$

$4x + 3y = X$，$\dfrac{1}{2}x - \dfrac{1}{3}y = Y$　とおく。

連立方程式は，

$$\begin{cases} 2X - Y = 4 \\ 5X + 3Y = -1 \end{cases}$$ となる。

この連立方程式を解くと，$X = 1$，$Y = -2$となる。このことにより，

$$\begin{cases} 4x + 3y = 1 \\ \dfrac{1}{2}x - \dfrac{1}{3}y = -2 \end{cases}$$ となる。

この連立方程式を解くと，$x = -2$，$y = 3$となる。

3 答 20

120を素因数分解すると，$120 = 2^3 \times 3 \times 5$となる。
140を素因数分解すると，$140 = 2^2 \times 5 \times 7$となる。
最大公約数は，$2^2 \times 5 = 20$。

4 　答　30度

△AOEが正三角形であるから，∠AEO＝60°　である。

問題文から∠AEB＝90°　より，∠BEO＝∠AEB＋∠AEO＝150°　となる。

△BEOの内角の和は180°　から，

∠BOE＝180°−(∠EBO＋∠BEO)＝180°−(15°＋150°)＝15°　である。

よって∠EBO＝∠EOBとなるので，△EBOは二等辺三角形である。

それにより，EB＝EO。

また△AOEが正三角形なのでEA＝EO。したがってEB＝EA。

よって△ABEは直角二等辺三角形であることがわかり，∠ABE＝45°　となる。

∠ABO＝∠ABE−∠EBO＝45°−15°＝30°

平行四辺形ABCDで，AB//DCより平行線の錯角は等しいから，

∠ABO＝∠ODC。したがって∠ODC＝30°

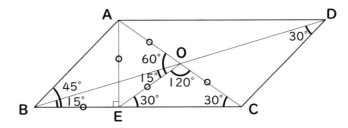

5 　答　1通り

さいころを2つ投げたとき，起こりうる場合は全部で36通りある。x，yの値は，それぞれ1から6の整数のどれかであることに注意する。

x，yの値を$2x^2−y$の式に代入したときの値のすべては，以下の通りになる。

y＼x	1	2	3	4	5	6
1	1	7	17	31	49	71
2	0	6	16	30	48	70
3	−1	5	15	29	47	69
4	−2	④	14	28	46	68
5	−3	3	13	27	45	67
6	−4	2	12	26	44	66

この表から$2x^2−y＝4$が成り立つのは，$(x, y)＝(2, 4)$の1通りだけとわかる。

★問題が５問あります。１問のみ選んで解きなさい。

1 次の連立方程式を解きa, b, cの値を求めなさい。

$$\begin{cases} a+b+c = 6 \cdots ① \\ a+b-c = 4 \cdots ② \\ a-b+c = 2 \cdots ③ \end{cases}$$

答 ($a=$, $b=$, $c=$)

2 aを自然数とするとき$\dfrac{2020}{a}$が自然数になるaの値は何個ありますか。

答 (   ) 個

3 Ａさんは５回に１回は忘れ物をしてしまいます。Ａさんが３回連続して忘れ物をしない確率を求めなさい。

答 (   )

名前 （　　　　　　　　　　　　　　　　　　　　　　　）

4　以下のような携帯の料金プランがあるとき，ＡプランとＢプランの料金
が同じになるのは何GB（ギガバイト）使ったときですか。
　（各プランの料金は【基本料金＋使用料】とする）

	Aプラン	Bプラン
基本料金	1200円	4800円
使用料	1GBあたり300円	10GBを超えたら 1GBあたり200円

答 （　　　　　　　　　　　） GB

5　次の図形の黒に塗られている角度の和を求めなさい。

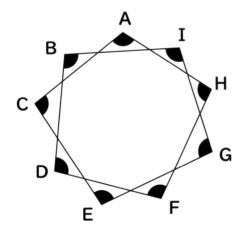

答 （　　　　　　　　　　　） 度

1 答 $a=3$, $b=2$, $c=1$

①－②より$2c=2$となるので$c=1$となる。
①－③より$2b=4$となるので$b=2$となる。
$b=2$, $c=1$を①に代入して$a=3$となる。

2 答 12個

$\dfrac{2020}{a}$ が自然数になるのだから，2020はaで割りきれる。

よってaは2020の約数である。2020の因数を求めるために2020を素因数分解すると，$2020=2^2\times5\times101$となる。この式から2020の因数は
1・2・4・5・10・20・101・202・404・505・1010・2020
の12個であることがわかる。

3 答 $\dfrac{64}{125}$

Aさんが忘れ物をする確率が$\dfrac{1}{5}$。忘れ物をしない確率は$1-\dfrac{1}{5}=\dfrac{4}{5}$

3回連続忘れ物をしない確率は$\left(\dfrac{4}{5}\right)^3=\dfrac{64}{125}$

4 答 16GB（ギガバイト）

使用した量をx(GB)，料金をy（円）とする。10GB使うとする。
Aプランでは$y＝300x＋1200$…①という式になるので，4200円かかる。
Bプランは基本料金だけで4800円である。
Bプランで10GB以上使用の時の式は$y＝200x＋2800$…②となる。
①②の連立方程式として解いてxの値を求めればよい。
$x＝16，y＝6000$となる。
16GBのとき，
両プランともに6000円である。

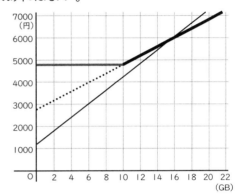

5 答 900度

図のように補助線DGとEFを引き，五角形ACEFHと四角形BDGIに分けて考える。
五角形ACEFHでは∠DFEと∠GEFが足りない角度で，四角形BDGIでは∠EGDと∠FDGがはみ出している角度となる。
三角形の内角の和は180°なので，∠DFE＋∠GEF＝∠EGD＋∠FDGとなり，足りない角度と余っている角度が等しいことがわかる。
したがって，求める角の和は，
（五角形の内角の和）＋（四角形の内角の和）と等しくなるので，
360°＋540°＝900° となる。

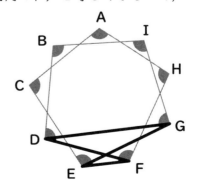

▶解説動画

【引用文献】
④⑤『中学校数学2』2016年P.99,P.212（学校図書）

★問題が５問あります。１問のみ選んで解きなさい。

1 サッカーチームがA～Fの６チームあり，それぞれのチームはお互いに試合をしました。チームA～Eの１年間の対戦成績は以下のようになりました。（引き分けはありません）チームFはこの１年間，少なくとも何試合行いましたか。

> チームA：62勝31敗　　チームB：40勝28敗　　チームC：11勝7敗
> チームD：25勝33敗　　チームE：4勝6敗

答 (　　　　　　　　　) 試合

2 ABを直径とする円があります。さらに，直径ABを３等分して，それぞれを直径とする円をかきます。太線の長さと点線の長さは，どちらの方がどれだけ長いですか。ABを直径とする円の半径をr，円周率はπとします。

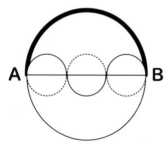

答 (　　　　　　　　　)

3 7^{50}を計算したときの一の位の数を求めなさい。

答 (　　　　　　　　　)

4 図形㋐を回転移動させて，ぴったり重なる図形はいくつありますか。

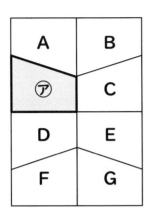

答 (　　　　　　　　　　)

5 　ある仕事を行うのに，新人のAさん1人だと40日，中堅のBさん1人だと20日かかります。またAさん，BさんとベテランのCさんの3人だと，5日でその仕事が終わります。ベテランのCさん1人だと何日で終わりますか。

答 (　　　　　　　) 日

1 答　37試合

チームFの対戦成績がx勝y敗であったとする。チームA〜Fの勝ち数と負け数の和は等しくなるから，

$62+40+11+25+4+x=31+28+7+33+6+y$

整理すると$y=x+37$

x，yはそれぞれ0以上の整数なので，

$x\geqq0$，$y\geqq37$

よって，少なくとも37試合したことになる。

2 答　どちらも同じ長さ

円周の求め方は(直径)×(円周率)である。太線の長さと点線の長さは変わらない。

・太線の長さ

$2r\times\pi\times\dfrac{1}{2}=\pi r$

・点線の長さ

1つの円の直径は$\dfrac{2}{3}r$となるので，$\dfrac{2}{3}r\times\pi\times\dfrac{1}{2}\times3=\pi r$

したがって，太線の長さと点線の長さは変わらない。

3 答　9

7の累乗の一の位は以下のように循環する。

7^1のとき7，7^2のとき9，7^3のとき3，7^4のとき1

7^5から一の位は7，9，3，1の順で循環する。

4の倍数の周期で変化するので，50に近い4の倍数の指数は，48である。

よって，7^{48}の一の位が1なので7^{50}は2番目の数字で9

4 答 2つ

AとEの2つがぴったり重なりあう。
右の図の点が回転の中心になっている。

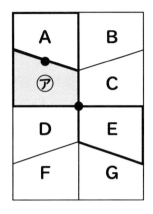

5 答 8日

仕事量を1とすると，Aさん1人では40日かかるので，

Aさん1人の 1日の仕事量は $\dfrac{1}{40}$

同様に，Bさん1人の1日の仕事量は $\dfrac{1}{20}$

Cさん1人ですると x 日で終わるとすると，Cさん1人の1日の仕事量は $\dfrac{1}{x}$

3人では5日で仕事が終わるから，3人での1日の仕事量は $\dfrac{1}{5}$

したがって，$\dfrac{1}{40} + \dfrac{1}{20} + \dfrac{1}{x} = \dfrac{1}{5}$

これを解くと，$\dfrac{1}{x} = \dfrac{1}{8}$

よって，$x = 8$

【引用文献】
①算数オリンピック委員会『広中杯ハイレベル中学数学に挑戦』2006年 P.13，P.59～60（講談社）
②相場一彦ほか21名『数学の世界2年』2014年 P.34（大日本図書）
③『新課程 チャート式 解法と演習 数学 I+A』2011年 P.358（数研出版）
④相場一彦ほか21名『数学の世界1年』2014年 P.169（大日本図書）
⑤『公務員試験 数学・数的処理』2017年 P.101（TAC出版）

★問題が５問あります。１問のみ選んで解きなさい。

1 連立方程式

$$\begin{cases} 2020x - 2021y = 4039 \\ 2021x - 2020y = 4043 \end{cases}$$ を解きなさい。

答 $\left(x = \qquad , \ y = \qquad \right)$

2 $11+13+15+17+19+\cdots\cdots+31$ を計算するのに，１カ所だけ＋の記号を抜かしてしまい，その部分を４桁の数として計算してしまいました。その計算結果は2904になりました。どの数の後の＋の記号を抜かしてしまったのでしょうか。答えなさい。

答 $\left(\qquad \right)$ の後

3 ある仕事を行うのに，弟子Aが１人で行うと９日かかり，師匠Bが１人で行うと６日かかります。この仕事を弟子Aと師匠Bが一日交代制で行ったとします。弟子Aから始めたとして仕事の最終日は何日目になり，最終日に仕事を行ったのはAとBのどちらですか。

答 仕事の最終日は $\left(\qquad \right)$ 日目になり，最終日に仕事を行ったのは $\left(\qquad \right)$ である。

4 　A，B，C，Dの４人の人が円卓に座るとすると，座り方は全部で何通りありますか。ただし，回転して同じ並び方になるものは，同じ座り方とします。

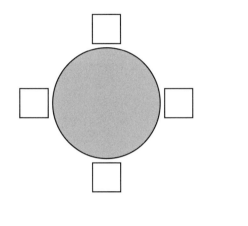

答（　　　　　　　　　　）通り

5 　次のように七角形ＡＢＣＤＥＦＧがあります。この七角形の対角線の交点はいくつありますか。ただし，１つの点に交わる対角線は２本であるとし，１つの点に３本以上の対角線が交わることはないものとします。

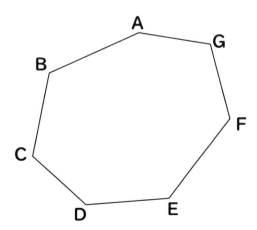

答（　　　　　　　　　　）

1 答 $x=3$, $y=1$

$$\begin{cases} 2020x-2021y=4039 & \cdots\cdots① \\ 2021x-2020y=4043 & \cdots\cdots② \end{cases} \text{とする。}$$

②−①を計算すると
$$x+y=4 \quad \cdots\cdots③$$
③の両辺に2020をかけると
$$2020x+2020y=8080 \quad \cdots\cdots④$$
④と①で連立方程式として解くと$x=3$, $y=1$となる。

2 答 27（の後）

間違いなく計算すれば$11+13+15+17+19+\cdots\cdots+31=231$
ある数aの後の＋の記号を抜かしたとする。
aと$a+2$を足さず，$a×100+(a+2)$ を足したということである。
式は$231-\{a+(a+2)\}+\{a×100+(a+2)\}=2904$
これを解くと $a=27$

3 答 仕事の最終日は（8）日目になり，
　　　最終日に仕事を行ったのは（B）である。

仕事量を1とすると，弟子Aは1人で行うと9日かかるから，
弟子Aの1日の仕事量は$\dfrac{1}{9}\left(=\dfrac{2}{18}\right)$。
同様に，師匠Bの1日の仕事量は$\dfrac{1}{6}\left(=\dfrac{3}{18}\right)$。
1日目のAから始めて，その日の仕事量と累計の仕事量を表にすると
次のようになる。

	1日目	2日目	3日目	4日目	5日目	6日目	7日目	8日目
仕事をする人	A	B	A	B	A	B	A	B
その日の仕事量	$\dfrac{2}{18}$	$\dfrac{3}{18}$	$\dfrac{2}{18}$	$\dfrac{3}{18}$	$\dfrac{2}{18}$	$\dfrac{3}{18}$	$\dfrac{2}{18}$	$\dfrac{3}{18}$
累計の仕事量	$\dfrac{2}{18}$	$\dfrac{5}{18}$	$\dfrac{7}{18}$	$\dfrac{10}{18}$	$\dfrac{12}{18}$	$\dfrac{15}{18}$	$\dfrac{17}{18}$	$\dfrac{20}{18}$（終わり）

4　答　6通り

図のように，席に1～4の番号をつける。
Aを1と固定してB～Dの並びを考えると樹形図のように6通りある。
他の並びは，このいずれかを回転すれば，同じ並び方になる。

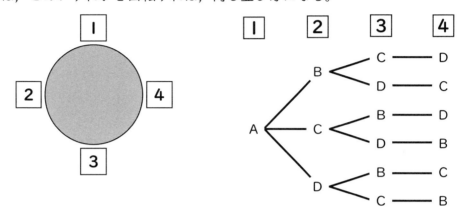

5　答　35個

右のように図で確認できる。

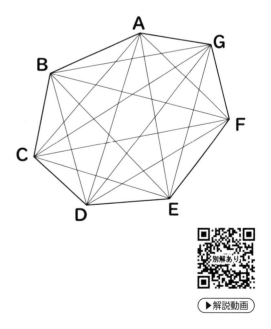

別解あり

▶解説動画

【引用文献】
2 3 5 「公務員試験数学・数的推理」2015年 P.203, P.265, P.386（TAC株式会社）

★問題が５問あります。１問のみ選んで解きなさい。

1　ある本を読むのに，１日に４ページずつ読んでいくと，最後に３ページ残ります。また，５ページずつ読んでいくと，最後に４ページ残り，７ページずつ読んでいくと，最後に６ページ残ります。この本は何ページですか。ただし，200ページ以下の本とします。

答（　　　　　　　）ページ

2　あきらさん，いちろうさん，うたこさん，えいたさん，おりえさんの5人が100点満点（１問10点で10問）のテストを受け，その結果を次のように言いました。

> あきらさん　：「40点でした。」
> いちろうさん：「5人の中で最高点でした。」
> うたこさん　：「あきらさんとえいたさんの平均と同じ点でした。」
> えいたさん　：「5人の平均と同じ点でした。」
> おりえさん　：「うたこさんよりも20点多い点でした。」

5人の得点を高い順に並べると，１番はいちろうさん，２番はおりえさんとなりました。このときの，いちろうさんの得点は何点でしたか。

答（　　　　　　　）点

3　次の式の□にあてはまる自然数を入れなさい。ただし，□にはすべて異なる自然数が入ります。

$$9 \div 10 = \frac{1}{\square} + \frac{1}{\square} + \frac{1}{\square}$$

答（　　　　，　　　　，　　　　）

4 下の図は，大きさの違う２つの正方形の中心を重ねながら，一方の正方形だけ45°回転したものです。斜線の部分の面積は，㋑が９cm²，㋺が８cm²です。２つの正方形の面積は，それぞれ，何cm²になりますか。

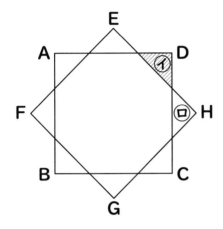

答（正方形ABCD　　　　　　　　，正方形EFGH　　　　　　　　）

5 下の図は，正方形の折り紙ABCDを半分に折った線EFの上に，折り紙の２つの角AとBを合わせるように折り，Gとします。AとGを結んだときにできる∠DAGは何度になりますか。

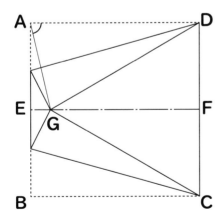

答（　　　　　　　）度

1 答　139ページ

4ページずつ読んで3ページ余るのは小さい順にかくと

7, 11, 15, 19, 23, 27, 31, 35, 39, … ❶　のような数になる。

❶の数を5で割ると，余りはそれぞれ

2, 1, 0, ④, 3, 2, 1, 0, ④, … ❷　となり，

前から4番目と9番目に余り4がでてくる。❶の数列では，19や39ページにあたる。これ以降のページ数を求めるために，4で割っても5で割っても余りの出ない数20を加えると，

19, 39, 59, 79, 99, 119, 139, … ❸　となる。

❸の数を7で割ると，余りは 5, 4, 3, 2, 1, 0, 6, … となる。

前から7番目に余り6が出てくる。❸の数列でみると139である。

2 答　いちろうさんは80点

まず，あきらさんの得点が，平均（えいたさんの得点）より上と仮定する。

いちろうさん，うたこさん，おりえさんの発言から，この3人の得点も平均（えいたさんの得点）より上となり，えいたさんが最下位となる。すると，えいたさんが平均になれないので，あきらさんの得点が平均より上と仮定したことが誤っている。次に，あきらさんの得点が，平均（えいたさんの得点）と同じと仮定する。うたこさんの発言から，うたこさんも平均と同じ40点になり，いちろうさん，おりえさんは40点より上なので，えいたさんは平均の40点になれない。したがって，あきらさんの得点が平均と同じと仮定したことが誤っている。

2つの仮定が誤っているので，あきらさんの得点は平均（えいたさんの得点）より下となり，

いちろうさん＞おりえさん＞えいたさん＞うたこさん＞あきらさん　となる。

あきらさんの「40点でした。」の発言から，あきらさんを40点として，不等号が成り立つように，うたこさんを50点（1問10点だから）とすると，

いちろうさん，おりえさん，えいたさん，うたこさん，あきらさん
　　80点　　　　70点　　　　　60点　　　50点　　　　40点

となる。これは，5人の発言をすべて満たす。また，うたこさんを60点と仮定して，えいたさんの発言「5人の平均と同じ点でした」を満たすようにすると，

いちろうさん，おりえさん，えいたさん，うたこさん，あきらさん
　140点　　　　80点　　　　　80点　　　60点　　　　40点

となる。これは，いちろうさんが100点を越えているので，うたこさんを60点とした仮定が誤り。さらに，うたこさんを70点と仮定すると，

いちろうさん，おりえさん，えいたさん，うたこさん，あきらさん
　200点　　　　90点　　　　　100点　　　70点　　　　40点　となってしまうので，

うたこさんが70点とした仮定が誤り。したがって，いちろうさんは80点である。

③ 答　2，3，15（順不同）

イタリアの数学者フィボナッチの方法を紹介する。

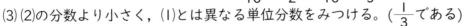

(1) $\frac{9}{10}$ より小さく，最大の単位分数をみつける。（$\frac{1}{2}$ である）

(2) もとの分数から単位分数をひく。　$\frac{9}{10} - \frac{1}{2} = \frac{4}{10} = \frac{2}{5}$

(3)(2)の分数より小さく，(1)とは異なる単位分数をみつける。（$\frac{1}{3}$ である）

(4)(2)の分数から(3)の単位分数をひく。　$\frac{2}{5} - \frac{1}{3} = \frac{1}{15}$

(5) ひいた結果が単位分数になるまで繰り返す。

したがって，$9 \div 10 = \frac{1}{2} + \frac{1}{3} + \frac{1}{15}$ と表される。

④ 答　正方形ABCD 200㎠，正方形EFGH 196㎠

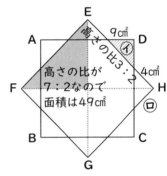

㋺の三角形を横に半分にすると，（㋑の三角形）と（㋺の半分の三角形）は相似である。ここで，面積比が9：4だから，相似比（高さの比）は3：2になる。

次に，四角形EFGHの対角線の交点をOとすると，

△EFOと（㋺の半分の三角形）の高さの比は，

（2＋3＋2）：2となるから，7：2。

面積の比は，49：4となる。

したがって，△EFOの面積は49㎠。

4倍して，正方形EFGHの面積は196㎠。

正方形ABCDの面積は，(49－4－4＋9)×4＝200㎠。

⑤ 答　75度

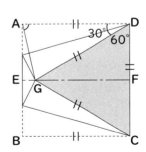

正方形の1辺の長さは等しいので，AD＝BC＝CD…① である。

また，折り返しただけなので，AD＝GD，BC＝GC…②

①，②より，GD＝DC＝GC…③

③より，斜線の三角形GCDは，3辺の長さがすべて

等しいので正三角形になる。

正三角形の3つの角はすべて60°になるので，

∠ADG＝30°　△AGDは二等辺三角形だから，

∠DAG＝(180°-30°)÷2＝75°

【引用文献】
① 中村義作「解ければ天才！算数100の難問・奇問 part4」1994年 P.141（講談社）
②④中村義作「解ければ天才！算数100の難問・奇問 part3」1991年 P.101，P.229（講談社）
③⑤中村義作「解ければ天才！算数100の難問・奇問」1988年 P.11,P.53（講談社）

★問題が５問あります。１問のみ選んで解きなさい。

1　$x^2-18x+k=0$について，１つの解が他の解の２倍になるとき，kの値を求めなさい。

答（　　　　　　　　）

2　次の空欄に入る正の数を求めなさい。

$$21^2+\boxed{}^2+21^2+20^2+21^2+20^2+20^2+21^2+21^2=3729$$

答（　　　　　　　　）

3　右の図において，
∠BCD＝∠BAD＝90°，AB＝AD
AHは辺CDの垂線です。
四角形ABCDの面積が18のとき，
AHの長さを求めなさい。

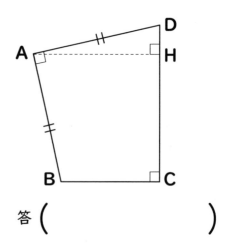

答（　　　　　　　　）

4　6本のくじの中に2本の当たりくじと1本のチャンスくじがあります。チャンスくじを引いたときは，引き続いてもう1回引くことができます。Aさん，Bさんの順にくじを引くとき，Aさんが当たって，Bさんも当たる確率を求めなさい。ただし，引いたくじはもとに戻さないものとします。

答 （　　　　　　　　　　　　　）

5　図のような中心角60°で，半径rのおうぎ形が点線の位置まで直線ℓ上を滑ることなく回転します。このとき，おうぎ形の中心Pが描く軌跡（点Pが動いたときにできる線)の長さを求めなさい。円周率はπとします。

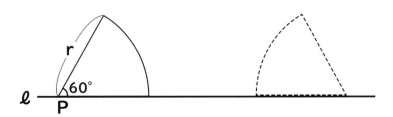

答 （　　　　　　　　　　　　　）

1 答 **72**

1つの解をa,他の解を$2a$として，因数分解の形にすると，
$(x-a)(x-2a)=0$
展開して，$x^2-3ax+2a^2=0$
もとの式$x^2-18x+k=0$と比べると，
$-3ax$と$-18x$，$+2a^2$と$+k$の項は等しいので
$-3a=-18$これを解くと，$a=6$
よって，$k=2a^2=72$

2 答 **18**

□に入る数をxとおく。このとき，
$x^2=3729-5\times21^2-3\times20^2=324$
素因数分解すると，$324=2^2\times3^4=2^2\times9^2$
したがって，$x^2=18^2$
xは正の数だから，$x=18$

3 答 **$3\sqrt{2}$**

Aから辺BCの延長線上に垂線を下ろし，交点をIとする。
$\angle ADH+\angle ABC=180°$より，$\angle ADH=\angle ABI$
このとき直角三角形の斜辺と1つの鋭角が
それぞれ等しいので，$\triangle ADH\equiv\triangle ABI$
よって，四角形ABCD＝四角形AICH　よって，AH＝AI
四角形AICHは，1辺の長さがAHの正方形であり，
面積は18なので，AH＝$\sqrt{18}=3\sqrt{2}$

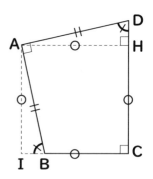

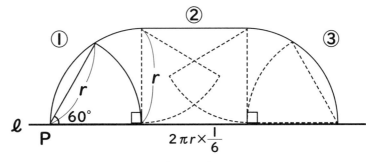

4 答 $\dfrac{1}{10}$

右の図は，Aさんがくじを
引いた後，Bさんがくじを
引いたときの樹形図である。
全体の場合の数は60通り，
AとBのどちらも当たる場
合の数は，6通りある。

よって，$\dfrac{6}{60}=\dfrac{1}{10}$

▶解説動画

※当→当たり，は→はずれ，チ→チャンス

A　　　　B
当　　　　当　1通り　　　（1＋3＋1＋3）×2
当　　　　は　3通り　　　＝16通り
　　　　チ1─当1通り，は3通り

は　　　　当　2通り　　　（2＋2＋2＋2）×3
は　　　　は　2通り　　　＝24通り
は　　　　チ1─当2通り，は2通り

チ─当2─当　1通り　　　（1＋3）×2
　　　　は　3通り　　　＝8通り
　　は3─当　2通り　　　（2＋2）×3
　　　　は　2通り　　　＝12通り

全体の場合の数
＝16＋24＋8＋12
＝60通り

5 答 $\dfrac{4}{3}\pi r$

①最初，点Pは半径r中心角90°の弧を描く。

②次におうぎ形の弧が直線ℓと接しているときは，点Pは直線ℓからrの距離を保つので,直線を描く。直線の長さは，おうぎ形の弧の長さ（半径r中心角60°）と等しい。

③最後に，再び点Pは半径r中心角90°の弧を描く。

$$①＋②＋③=2\pi r\times\dfrac{1}{4}+2\pi r\times\dfrac{1}{6}+2\pi r\times\dfrac{1}{4}=\dfrac{4}{3}\pi r$$

【引用文献】
①④庄義和，幸田芳則『灘中の数学学習法』2002年 P.134，P.158（日本放送出版協会）
②③算数オリンピック委員会『広中杯ハイレベル中学数学に挑戦』2007年 P.20，P.48，P.83，P.178（講談社）
⑤『数的推理・判断推理 公務員試験合格問題集』2018年 P.207（新星出版社）

★問題が５問あります。１問のみ選んで解きなさい。

1 A，B，C，Dに当てはまる数を求めなさい。

$$\begin{cases} A+B=4 \cdots ① \\ B+C=6 \cdots ② \\ A+C=5 \cdots ③ \\ D+C=8 \cdots ④ \end{cases}$$

答 (A = 　　　, B = 　　　, C = 　　　, D = 　　　)

2 A，B，Cの３人が１対１で50m競走を行いました。
全員はそれぞれ常に一定の速度で走ります。
Aは10m差でBに勝ちました。
Bは10m差でCに勝ちました。
さて，AとCが50m競争をすると，Aは何m差でCに勝ちますか。

答 (　　　　　　) m差

3 $\dfrac{2020^2 - 2017 \times 2020 + 3}{3}$ の計算をしなさい。

答 (　　　　　　)

4 右の図は一辺6cmの正六角形に対角線を2本引いた図です。色が塗られた部分の面積を求めなさい。

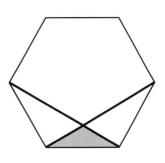

答 （ 　　　　　　　　　 ） cm²

5 下の図で線がひかれている道をAからBまで最短（もどらない）で行くとき，Cを通る確率を求めなさい。

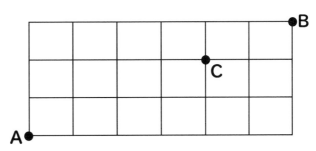

答 （ 　　　　　　　　　 ）

1 答　A＝1.5，B＝2.5，C＝3.5，D＝4.5

③より，C＝5－A，これを②に代入するとB－A＝1…⑤の式ができる。
①と⑤より，A＝1.5，B＝2.5，
これを③に代入すると，C＝3.5，それを④に代入して，D＝4.5となる。

※他にも解き方があります

2 答　18(m差)

「Aが50m走ってBと10mの差」とは，
「Aが50m走ったときにBは40m走った」ことである。
つまり，（40÷50＝0.8）Bの速さはAの速さの0.8倍である。
BとCも同じ関係で，全員が常に一定の速度で走るので，
Aが50mの時，Bは40m
Bが40mの時，Cは40×0.8＝32mの地点にいることになる。
よって，50－32＝18なので，Aは18m差でCに勝つ。

3 答　2021

$$\frac{2020^2-2017\times2020+3}{3}$$

$$=\frac{2020^2-(2020-3)\times2020+3}{3}$$

$$=\frac{2020^2-2020^2+3\times2020+3}{3}$$

$$=\frac{3\times2020+3}{3}$$

$$=\frac{3\times(2020+1)}{3}$$

$$=2021$$

4 答　$3\sqrt{3}$ ㎠

右の図のように，灰色に塗った部分の面積は
$a \times b \div 2$である。
三平方の定理より$a = 2\sqrt{3}$，$b = 3$
よって，灰色の部分の面積は$2\sqrt{3} \times 3 \div 2 = 3\sqrt{3}$

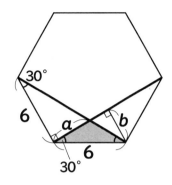

5 答　$\dfrac{15}{28}$

AからBまで最短（もどらない）の行き方は以下のように数えると，
84通りである。（動画参照）

▶解説動画

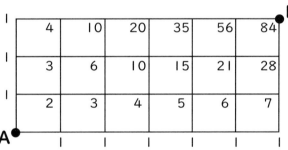

AからCを通ってBまで最短（もどらない）の行き方は以下のように数え，
45通りである。

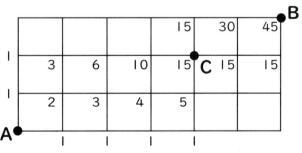

求める確率は　$\dfrac{45}{84} = \dfrac{15}{28}$

★問題が5問あります。1問のみ選んで解きなさい。

1 $\sqrt{3}=1.73$ として，$\dfrac{4\sqrt{3}}{\sqrt{3}-1}$ を分母の有理化をして計算するのと，しないとでは，小数第何位から「ずれ」がでてきますか。計算で求めなさい。

答 (   )

2 以下の式の□には2以上の1桁の自然数が入ります。□に入る数をかきなさい。

$$\{(a^{\square})^{\square} \times a^{\square}\}^{\square} = a^{30}$$

3 ある病院で，とある病気の検査を行います。病気にかかっている人（有病者）の割合は10000人に1人とすでに分かっています。検査では，有病者の99％を「陽性」と判定するが，正常な人の1％を「陽性」と誤判定します。「陽性」と判定された人のうち，誤判定であった人の確率を求めなさい。

答 (   )

4　下の解答は正しいですか。誤りがあるのであれば，その個所を示して，正しい解答をかきなさい。

$xy + x + 3y = 0$
$(x+3)(y+1) = 3$
左辺が整数の積だから，3の倍数を考えて
$(x+3, y+1) = (1, 3), (3, 1)$
$(x, y) = (-2, -1), (0, 0)$

答え（　　　　　　　　　）
誤りがあるとしたらどこか

5　二つの対角線の長さの和が 2 となる四角形ABCDのうちで，面積の最大値を求めなさい。必要であれば，下の図を使ってもよいです。

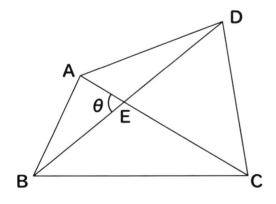

答（　　　　　　　　　　　）

1 答　小数第二位から

（分母の有理化をした場合）

$$\frac{4\sqrt{3}}{\sqrt{3}-1}=6+2\sqrt{3}=9.46$$

（分母の有理化をしない場合）

$$\frac{4\sqrt{3}}{\sqrt{3}-1}=\frac{4\times1.73}{0.73}=9.4794\cdots$$

2 答　（例）$\{(a^2)^2\times a^2\}^5=a^{30}$ など

例えば，答えは以下のようになる（解答は他にもあります）。

$$\{(a^{\boxed{2}})^{\boxed{2}}\times a^{\boxed{2}}\}^{\boxed{5}}=\{(a^{\boxed{2}})^{\boxed{3}}\times a^{\boxed{9}}\}^{\boxed{2}}$$

$$=\{(a^{\boxed{3}})^{\boxed{2}}\times a^{\boxed{4}}\}^{\boxed{3}}=a^{30}$$

3 答　$\dfrac{1111}{1122}$

A：「正常・有病かかわらず」陽性と判定
B：陽性である
C：陰性である

AかつBの確率は，確率$1／10000$で有病者を選び，$99／100$で陽性と判定する確率だから，

$$P(A\cap B)=\frac{1}{10000}\times\frac{99}{100}=\frac{99}{1000000}$$

AかつCの確率は，確率$9999／10000$で正常な人を選び，$1／100$で陽性と判定する確率だから，

$$P(A\cap C)=\frac{9999}{10000}\times\frac{1}{100}=\frac{9999}{1000000}$$

よって，Aが起こる確率は

$$P(A)=P(A\cap B)+P(A\cap C)=\frac{10098}{1000000}$$

したがって，求める確率は

$$\frac{P(A\cap C)}{P(A)}=\frac{\dfrac{9999}{1000000}}{\dfrac{10098}{1000000}}=\frac{1111}{1122}$$

4 答　誤り。３の約数における負の数のことが抜けている。

（誤りの個所のみ記す）

$(x+3,\ y+1)=(1,3)$, $(3,1)$, $(-1,-3)$, $(-3,-1)$

$(x,y)=(-2,-1)$, $(0,0)$, $(-4,-4)$, $(-6,-2)$

5 答　$\dfrac{1}{2}$

　２本の対角線ACとBDの長さをx, yとおくと，$x+y=2$。

図形ABCDの面積Sは

$$S=\frac{1}{2}x\cdot y\cdot\sin\theta=\frac{1}{2}x\cdot(2-x)\sin\theta$$

$$=\frac{1}{2}\{-(x-1)^2+1\}\sin\theta$$

$x=1$, $\theta=90°$のとき，面積の最大値は$\dfrac{1}{2}$になる。

必見！ すべての解説あり　➡

なぜ，このようにかけるか知りたい方は
必ず解説動画を見ましょう。

【引用文献】
①②「私的数学塾」・shochandas.xsrv.jp/error.htm
③④吉田信夫「思考力・判断力・表現力のトレーニング数学ⅠA」2018 年 P.161,P.179（東京出版）
⑤張ヶ谷守晃「受験数学の裏ワザ50 数学ⅠA」2018 年 P.49（エール出版社）

★問題が5問あります。1問のみ選んで解きなさい。

1 $\dfrac{1}{\sqrt{2}+1} + \dfrac{1}{\sqrt{3}+\sqrt{2}} + \dfrac{1}{\sqrt{4}+\sqrt{3}} + \cdots + \dfrac{1}{\sqrt{15}+\sqrt{14}}$ を求めなさい。

答 (　　　　　　　　)

2 1辺の長さが1の正十二角形の面積を求めなさい。

答 (　　　　　　　　)

3 20！を素因数分解すると，因数の2は何乗になるか求めなさい。

答 (　　　　　　　　)

4　xの値を求めなさい。

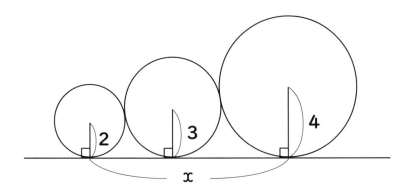

答 （　　　　　　　　　）

5　平面上に，どの3点も同じ点で交わらない12本の直線がある。12本中2本だけが平行であるとき，それら12本の直線によってできる三角形の個数を求めなさい。

答 （　　　　　　　　　）個

1 答 $\sqrt{15}-1$

$$\frac{\sqrt{2}-1}{(\sqrt{2}+1)(\sqrt{2}-1)}+\frac{\sqrt{3}-\sqrt{2}}{(\sqrt{3}+\sqrt{2})(\sqrt{3}-\sqrt{2})}+\cdots+\frac{\sqrt{15}-\sqrt{14}}{(\sqrt{15}+\sqrt{14})(\sqrt{15}-\sqrt{14})}$$
$$=\sqrt{2}-1+\sqrt{3}-\sqrt{2}+\sqrt{4}-\sqrt{3}+\cdots+\sqrt{15}-\sqrt{14}=\sqrt{15}-1$$

有理化するのではなく，分母が1となるような式を分子分母に掛けることがポイント。

2 答 $3(2+\sqrt{3})$

正十二角形の中心をO，1辺をABとすると，
AB＝1，∠AOB＝360°÷12＝30°
OA＝OB＝aとすると，△OABにおいて，
余弦定理より，$1^2=a^2+a^2-2a\cdot a\cos30°$
よって，$1=(2-\sqrt{3})a^2$
ゆえに，$a^2=2+\sqrt{3}$
よって，求める面積は，$12\triangle OAB=12\cdot\dfrac{1}{2}a^2\sin30°=3(2+\sqrt{3})$

3 答 18乗

20！は1から20までの積だから
　2の倍数は，20÷2＝10より10個
　2^2の倍数は，20÷2^2＝5より5個
　2^3の倍数は，20÷2^3＝2あまり4より2個
　2^4の倍数は，20÷2^4＝1あまり4より1個
　1から20の中に含まれる2の倍数は，2，2^2，2^3，2^4の倍数がすべてである。
　よって，因数の2は10＋5＋2＋1＝18個あるから，18乗

▶解説動画

4 答　$x=2\sqrt{6}+4\sqrt{3}$

図のように，垂線を引いてa，bとすると，
三平方の定理より　$a^2=5^2-1^2=24$
ゆえに，$a=2\sqrt{6}$　$b^2=7^2-1^2=48$
ゆえに，$b=4\sqrt{3}$　よって，$x=a+b=2\sqrt{6}+4\sqrt{3}$

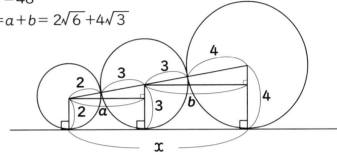

5 答　210（個）

平行な2本の直線をそれぞれm，nとする。

そのうち，1本の直線mを除くと，他の直線nを含む11本の直線は，

どの3本も同じ点を通らないから，三角形の個数は，$_{11}C_3$個

次に，除いた直線mを加えると，mに平行でない10本の直線のうち2本と

mの作る三角形の数$_{10}C_2$だけ，三角形は増える。

したがって，三角形の個数は，

$_{11}C_3+_{10}C_2=210$（個）

【引用文献】
①〜④星野泰也『チャート式解法と演習数学ⅠA』2019年 P.48,P.199,P.399,P.368（数研出版）
⑤星野泰也『チャート式解法と演習数学 A』2010年 P.44（数研出版）

★問題が5問あります。1問のみ選んで解きなさい。

1 $y=\dfrac{1}{4}\{|x-1|+(x-1)\}\{|x-3|-(x-3)\}$
のグラフをかきなさい。

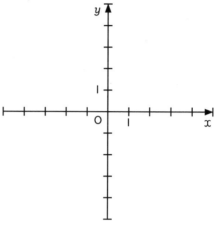

2 m, nが自然数のとき，次の□に入る1桁の数字を答えなさい。

$$m! - 9n = 34\boxed{}67$$

答（　　　　　　　　）

3 $x=\sqrt{2}+\sqrt{3}$ とすると，xは整数を係数とする四次方程式
$x^4+ax^3+bx^2+cx+d=0$ の一つの解です。このとき定数a, b, c, dの
値をそれぞれ求めなさい。

答（$a=$　　　, $b=$　　　, $c=$　　　, $d=$　　　）

4 　三角形ABCにおいて辺BC，CA，ABの長さをそれぞれ a, b, cとします。
$a : b : c = 7 : 8 : 3$であり，また，その三角形の面積は$30\sqrt{3}$です。
このときaの長さを求めなさい。

答 （　$a =$　　　　　　　　　　　）

5 　赤玉5個，白玉$n - 5$個，合計n個 （$n \geqq 7$） の玉が袋に入っています。
そこから玉を一つずつ取り出します。一度取り出した玉は元に戻さないも
のとします。3回目に取り出す玉が，赤である確率を求めなさい。

答 （　　　　　　　　　　　　）

1 答　右のグラフ

3か所で場合分けをする。

（ⅰ）$x<1$のとき

$|x-1|=-x+1$，$|x-3|=-x+3$より，

$y=\dfrac{1}{4}\times 0\times(-2x+6)=0$

（ⅱ）$1\leqq x\leqq 3$のとき

$|x-1|=x-1$，$|x-3|=-x+3$より，

$y=\dfrac{1}{4}\times(2x-2)\times(-2x+6)=-(x-1)(x-3)$

（ⅲ）$3<x$のとき

$|x-1|=x-1$，$|x-3|=x-3$だから，$y=\dfrac{1}{4}\times(2x-2)\times 0=0$

$y=-(x-1)(x-3)$（$1\leqq x\leqq 3$）

2 答　7

引き算の結果が5桁だから，$m!$は5桁以上である。mが7以下だと$m!$は5桁にならないので，mは8以上である。このとき$m!$，$9n$はともに9の倍数となる（$m!$の因数に3と6があるので$m!$は9の倍数，$9n$も9の倍数）ので引き算した答えも9の倍数になる。よって□に入る数字は7である。

▶解説動画

3 答　$a=0$，$b=-10$，$c=0$，$d=1$

$x=\sqrt{2}+\sqrt{3}$より

両辺を2乗して，

$x^2=5+2\sqrt{6}$

$x^2-5=2\sqrt{6}$

両辺を2乗して，

$x^4-10x^2+25=24$

$x^4-10x^2+1=0$

したがって，$a=0$，$b=-10$，$c=0$，$d=1$

4 答 $a=7\sqrt{5}$

$a=7k,\ b=8k,\ c=3k$とする。

余弦定理より，$\cos A=\dfrac{(3k)^2+(8k)^2-(7k)^2}{2\times 3k\times 8k}=\dfrac{1}{2}$

$\cos A=\dfrac{1}{2}$ より$A=60°$

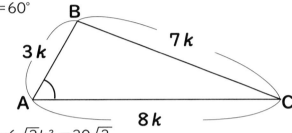

面積$S=\dfrac{1}{2}\times 3k\times 8k\times\sin 60°=6\sqrt{3}k^2=30\sqrt{3}$

$k^2=5\quad k>0$より，$k=\sqrt{5}$ したがって，$a=7\sqrt{5}$

5 答 $\dfrac{5}{n}$

例えば，引いた球が1回目は白，2回目は赤，3回目は赤であれば○●●と表記する。3回目に赤を引く場合の数は，4通りある。それぞれの場合の確率を求める。

●●● $\dfrac{5}{n}\times\dfrac{4}{n-1}\times\dfrac{3}{n-2}=\dfrac{60}{n(n-1)(n-2)}$

○○● $\dfrac{n-5}{n}\times\dfrac{n-6}{n-1}\times\dfrac{5}{n-2}=\dfrac{5n^2-55n+150}{n(n-1)(n-2)}$

○●● $\dfrac{n-5}{n}\times\dfrac{5}{n-1}\times\dfrac{4}{n-2}=\dfrac{20n-100}{n(n-1)(n-2)}$

●○● $\dfrac{5}{n}\times\dfrac{n-5}{n-1}\times\dfrac{4}{n-2}=\dfrac{20n-100}{n(n-1)(n-2)}$

よって，

$\dfrac{60}{n(n-1)(n-2)}+\dfrac{5n^2-55n+150}{n(n-1)(n-2)}+\dfrac{20n-100}{n(n-1)(n-2)}+\dfrac{20n-100}{n(n-1)(n-2)}$

$=\dfrac{5}{n}$

【引用文献】
②雅孝司『数学パズル珍問奇問105題』1988年 P.25（日本文芸社）
③④⑤張ヶ谷守晃『受験数学の裏ワザ50 数学ⅠA』2018年 P.134, P.38, P.108（エール出版社）

★問題が5問あります。1問のみ選んで解きなさい。

1 以下のグラフ$y=ax^3+bx^2+cx+d$のa, b, c, dの符号は正, 0, 負のいずれの値になりますか。$a>0$のように等号・不等号を用いて答えなさい。

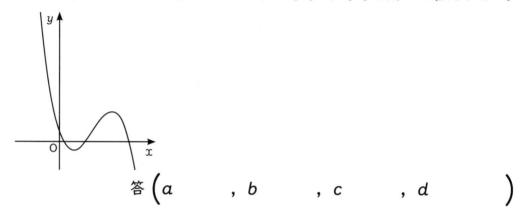

答$\left(a \qquad , b \qquad , c \qquad , d \qquad \right)$

2 放物線$y=2(x-3)^2+5$を$(1, 1)$を中心に相似に2倍に拡大したときに得られる放物線の式を求めなさい。

答$\left(y= \qquad \right)$

3 次の等式を満たすxを求めなさい。

(1) $\sqrt{\dfrac{1-x}{2}}=\sin\theta$

(2) $x^2=\dfrac{1-\cos\theta}{1+\cos\theta}$

答$\left(\ (1)\ x= \qquad (2)\ x= \qquad \right)$

4 因数分解をして，$27x^3 - 27x^2 + 9x - 4 = 0$ の実数解を求めなさい。
（ヒント：両辺に 3 を足すと因数分解ができます）

答 $\left(x = \right)$

5 次の条件を満たす正の項からなる数列 $\{a_n\}$ $(n=1, 2, \cdots)$ を求めなさい。

$$\sum_{k=1}^{n} a_k = \frac{1}{2}\left(a_n + \frac{n}{a_n}\right)$$

答 （　　　　　　　　　　　　　　）

1　答　$a<0$, $b>0$, $c<0$, $d>0$

グラフから，xが大きくなるとyの値は最終的に負になるので，$a<0$。
$x=0$のとき，$y>0$であるので$d>0$。両辺を微分して，$y'=3ax^2+2bx+c$
$x=0$を代入すると$y'=c$。これは$x=0$のときの接線の傾きである。
これは図のように$c<0$となる。
3つの解をα，β，rとするとき，解と係数の関係より
$\alpha+\beta+r=-\dfrac{b}{a}$。グラフから3つの解はすべて正なので
$\alpha+\beta+r=-\dfrac{b}{a}>0$。なおかつ，$a<0$であるので，
$b>0$となる。

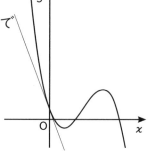

▶解説動画

2　答　$y=x^2-10x+34$

放物線$y=2(x-3)^2+5$上に点(p, q)，それが移動する点を(x, y)とおく。
(x, y)と$(1, 1)$の中点が(p, q)だから，$p=\dfrac{x+1}{2}$，$q=\dfrac{y+1}{2}$である。
これを$q=2(p-3)^2+5$に代入して$\dfrac{y+1}{2}=2\left(\dfrac{x+1}{2}-3\right)^2+5^2$
整理すると，$y=x^2-10x+34$

▶解説動画

3　答　（1）$x=\cos 2\theta$　　（2）$x=\pm\tan\dfrac{\theta}{2}$

（1）$x=\cos 2\theta$とすることにより$\sqrt{\dfrac{1-\cos 2\theta}{2}}=\sin\theta$（∵半角の公式）

（2）$\dfrac{1-\cos\theta}{1+\cos\theta}=\dfrac{\frac{1-\cos\theta}{2}}{\frac{1+\cos\theta}{2}}=\dfrac{\sin^2\frac{\theta}{2}}{\cos^2\frac{\theta}{2}}=\tan^2\dfrac{\theta}{2}=x^2$　よって，$x=\pm\tan\dfrac{\theta}{2}$

4 答 $x=\dfrac{1+\sqrt[3]{3}}{3}$

両辺に３を足して $27x^3-27x^2+9x-1=3$

$(3x-1)^3=3$ ⇔ $3x-1=\sqrt[3]{3}$

$x=\dfrac{1+\sqrt[3]{3}}{3}$

5 答 $a_n=\sqrt{\dfrac{1}{2}n(n+1)}-\sqrt{\dfrac{1}{2}n(n-1)}$

$\displaystyle\sum_{k=1}^{n}a_k=S_n$ とおく。…① $a_n=S_n-S_{n-1}$…② ①と②を使って，

$\displaystyle\sum_{k=1}^{n}a_k=\dfrac{1}{2}\left(a_n+\dfrac{n}{a_n}\right)$ を使って変形すると，

$S_n=\dfrac{1}{2}\left(S_n-S_{n-1}+\dfrac{n}{S_n-S_{n-1}}\right)$…③

③を変形すると，$S_n^2-S_{n-1}^2=n$…④

④のnを$2,3,\cdots,n$と変化させ辺々たすと，$S_n^2-S_1^2=(2+3+\cdots+n)$…（＊）

$\displaystyle\sum_{k=1}^{n}a_k=\dfrac{1}{2}\left(a_n+\dfrac{n}{a_n}\right)$ に$n=1$を代入すると，$a_1^2=1$…（＊＊）

$a_1=S_1$ である。（∵ a_nは正の項）

（＊＊）を（＊）に代入すると，$S_n^2=(1+2+3+\cdots+n)$

$S_n=\sqrt{\dfrac{1}{2}n(n+1)}$ （∵ a_nは正の項）

よって，$a_n=S_n-S_{n-1}=\sqrt{\dfrac{1}{2}n(n+1)}-\sqrt{\dfrac{1}{2}n(n-1)}$

【引用文献】
①④吉田信夫『思考力・判断力・表現力のトレーニング数学Ⅱ』2019 年 P.203,P.39（東京出版）
③栗田哲也 『発展して行く三角関数』2019 年 P.84（東京出版）
⑤箕輪浩嗣 『解法への道！数学ⅠＡⅡＢ』2020 年 P.411（東京出版）（山口大・改）

1 $\dfrac{2}{x - \dfrac{x^2-1}{x - \dfrac{2}{x-1}}}$ を計算しなさい。

答（　　　　　　　　）

2 右の図のように，
O（0，0），A（2，2），B（1，3），
C（0，2），D（−1，3），E（−2，2）の
5点を通るハート型の内部の面積を求めなさい。
ただし，ハート型を作る3つの曲線はすべて
二次関数のグラフです。

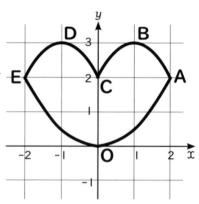

3 自然数の列1，2，3，4，…を次のように群に分けます。
1，2｜3，4，5，6，7｜8，9，10，11，12，13，14，15｜…
第1群　　第2群　　　　　　　第3群

ここで第n群（n＝1，2，3，…）は（3n−1）個の数からなるものとします。
2000は第何群の小さい方から数えて何番目の項か求めなさい。

答（　　　　群の　　　　番目）

4 $3^x = 7^y = 21^5$ のとき $\dfrac{1}{x} + \dfrac{1}{y}$ の値を求めなさい。

答 （　　　　　　　　）

5 $\tan\theta = 3$ のとき，

$$\dfrac{1}{1+\sin\theta} + \dfrac{1}{1+\cos\theta} + \dfrac{1}{1-\sin\theta} + \dfrac{1}{1-\cos\theta}$$ の値を求めなさい。

答 （　　　　　　　　）

1 答 $-2x+4$

$$\cfrac{2}{x-\cfrac{x^2-1}{x-\cfrac{2}{x-1}}} = \cfrac{2}{x-\cfrac{(x^2-1)(x-1)}{x^2-x-2}} = \cfrac{2}{x-\cfrac{(x+1)(x-1)^2}{(x-2)(x+1)}}$$

$$= \frac{2(x-2)}{x(x-2)-(x-1)^2} = -2x+4$$

2 答 8

ハート型の右側だけの面積を求め2倍して全体の面積を求める。

点O, Aを通る2次関数の式は $y=\dfrac{1}{2}x^2$

点A, B, Cを通る2次関数の式は $y=-(x-1)^2+3$

よって, $y=-x^2+2x+2$

点O, A, B, Cを通る線で囲まれる図形の面積は,

$$\int_0^2 \left\{ (-x^2+2x+2) - \left(\frac{1}{2}x^2 \right) \right\} dx = 4$$

よって求める面積は

$4 \times 2 = 8$

▶解説動画

3 答 第37群の38番目

第k群の最後の項を b_k とおくと,

$b_k = 2+5+8+\cdots+(3k-1)$ （等差数列の和なので）

$= \dfrac{2+(3k-1)}{2} \cdot k = \dfrac{1}{2}k(3k+1)$

$b_{36}=1962$, $b_{37}=2072$ であるから, 2000は第37群にある。

（b_k のkに, 例えば40を代入すると, 2420となる。近い数を代入し, 37群であることを見つける。）

また, $2000-1962=38$ より, 第37群の38番目にある。

4 答 $\dfrac{1}{5}$

$3^x = 7^y = 21^5$ の各辺の21を底とする対数をとると，

$\log_{21} 3^x = \log_{21} 7^y = \log_{21} 21^5$

$x\log_{21} 3 = y\log_{21} 7 = 5$

$x = \dfrac{5}{\log_{21} 3}$, $y = \dfrac{5}{\log_{21} 7}$

$\dfrac{1}{x} + \dfrac{1}{y} = \dfrac{\log_{21} 3}{5} + \dfrac{\log_{21} 7}{5} = \dfrac{1}{5}$

5 答 $\dfrac{200}{9}$

$$（与式）= \dfrac{1}{1+\sin\theta} + \dfrac{1}{1-\sin\theta} + \dfrac{1}{1+\cos\theta} + \dfrac{1}{1-\cos\theta}$$

$$= \dfrac{2}{1-\sin^2\theta} + \dfrac{2}{1-\cos^2\theta} = \dfrac{2}{\cos^2\theta} + \dfrac{2}{\sin^2\theta}$$

ここで，$\tan\theta = 3$ より，$\cos^2\theta = \dfrac{1}{1+\tan^2\theta} = \dfrac{1}{1+9} = \dfrac{1}{10}$

また，$\sin^2\theta = 1-\cos^2\theta = \dfrac{9}{10}$

よって，（与式）$= 2\cdot 10 + 2\cdot\dfrac{10}{9} = \dfrac{200}{9}$

【引用文献】
①③④星野泰也『チャート式解法と演習数学ⅡB』2021年 P.27，P.485，P.236（数研出版）
⑤桐山宣雄『数学Ⅱ・B BASIC125』2017年 P.46（駿台文庫）

難問 No.19

★問題が5問あります。1問のみ選んで解きなさい。

1 次の数列で，□に入る数を答えなさい。

1, 2, 4, 10, 25, □, 112, …

答 （　　　　　　　　）

2 円 $(x-\sqrt{3})^2+(y-1)^2=1$ と，原点を通る直線が異なる2点で交わっています。この2点の中点をPとするとき，点Pが描く軌跡をグラフにかきなさい。

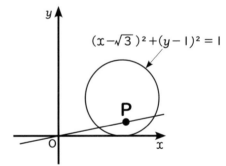

3 6^{200}の最高位の数字を求めなさい。
ただし，$\log_{10}2=0.3010$, $\log_{10}3=0.4771$とします。

答 （　　　　　　　　）

4 $\tan 2\theta + 3\tan\theta = 0$ を満たす $\tan\theta$ の値をすべて求めなさい。

答 $\left(\tan\theta = \right)$

5 4点O(0,0)，A(5,1)，B(4,6)，C(−1,5)で作られる正方形OABCに内接する円の方程式を求めなさい。

答 $\left(\right)$

1 答 56

もとの数列を$\{a_n\}$とする。その階差数列$\{b_n\}$は 1，2，6，15，・・・となる。さらに階差数列$\{c_n\}$をとると，1，4，9，・・・となり，$c_n=n^2$とわかる。よって，□に入る数は順に計算していって56とわかる。

2 答 下記のグラフ

原点を通る直線を$y=mx$とおく。円を表す方程式にこれを代入して，
$$(x-\sqrt{3})^2+(mx-1)^2=1$$
整理すると$(m^2+1)x^2-2(m+\sqrt{3})x+3=0$ ・・・①
円と直線が異なる2点で交わる条件は，解が2つなければならないので，①の判別式をDとすると
$$\frac{D}{4}=(m+\sqrt{3})^2-3(m^2+1)>0$$
$0<m<\sqrt{3}$ ・・・②
また，2交点のx座標をα，βとおくと，解と係数の関係から
$$\alpha+\beta=\frac{2(m+\sqrt{3})}{m^2+1}$$
よって，中点Pのx座標は $x=\dfrac{\alpha+\beta}{2}=\dfrac{m+\sqrt{3}}{m^2+1}$ ・・・③

ここで軌跡上の点P(X, Y)とおくと，
点Pは原点を通る1次関数 $y=mx$ のグラフ上にあるので，
$Y=mX$より$m=\dfrac{Y}{X}$ ・・・④

③に④を代入すると$X=\dfrac{XY+\sqrt{3}X^2}{X^2+Y^2}$

整理して，$\left(X-\dfrac{\sqrt{3}}{2}\right)^2+\left(Y-\dfrac{1}{2}\right)^2=1$

よって答えは②より，$y=0$と$y=\sqrt{3}x$に挟まれる
$(\sqrt{3}, 0)$と$\left(\dfrac{\sqrt{3}}{2}, \dfrac{3}{2}\right)$を除く中心$\left(\dfrac{\sqrt{3}}{2}, \dfrac{1}{2}\right)$，
半径1の円の一部である。

▶解説動画

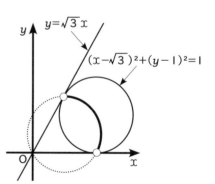

$\boxed{3}$ 答　4

$\log_{10}6^{200}=200(\log_{10}2+\log_{10}3)=200\times0.7781=155.62$

$\log_{10}4=2\log_{10}2=0.6020$,　$\log_{10}5=\log_{10}\dfrac{10}{2}=1-\log_{10}2=0.6990$だから,

$155+\log_{10}4\leqq\log_{10}6^{200}<155+\log_{10}5$

$4\times10^{155}\leqq6^{200}<5\times10^{155}$　　よって, 最高位の数字は4。

$\boxed{4}$ 答　$\tan\theta=0,\ \pm\sqrt{\dfrac{5}{3}}$

$\tan\dfrac{\pi}{2}$は解にならないので, 除いた場合を考える。

つまり$\theta=\dfrac{\pi}{4},\ \dfrac{\pi}{2}$ の場合を除く。

$t=\tan\theta$とおくと, $\dfrac{2t}{1-t^2}+3t=0$

分母を払って整理すると,

$-3t^3+5t=0$

$-t(3t^2-5)=0$　　$\tan\theta=0,\pm\sqrt{\dfrac{5}{3}}\left(\theta=\dfrac{\pi}{4},\dfrac{\pi}{2}\text{の場合は含まれていない}\right)$

$\boxed{5}$ 答　$(x-2)^2+(y-3)^2=\dfrac{13}{2}$

求める円の中心の座標は辺OBの中点より$(2,3)$。
中心$(2,3)$と直線OAとの距離をdする。

直線 OA の方程式は$y=\dfrac{1}{5}x$つまり$x-5y=0$だから,

$d=\dfrac{|2-15|}{\sqrt{1+25}}=\dfrac{\sqrt{26}}{2}$

よって, 求める円の方程式は$(x-2)^2+(y-3)^2=\dfrac{13}{2}$

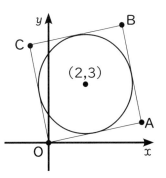

【引用文献】
① 横戸宏紀『大学への数学 2020・5月号』P.47（東京出版）

1 A，B，C，D，E，F，G，Hの８人で２人組を４組つくり，トーナメント形式でバドミントンの試合を行ったところ，㋐～㋓のことがわかりました。トーナメント表をうめなさい。

㋐Aの組は，Cの組とも，Gの組とも対戦して，
　どちらの組にも勝った。
㋑Dの組は，Bの組と対戦して勝ったが，
　Fの組と対戦して負けた。
㋒Gの組とBの組は対戦しなかった。
㋓Fの組はHの組と対戦して勝った。

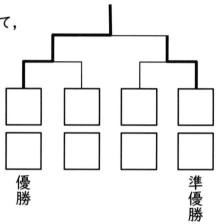

優勝　　　　　　　　　準優勝

2 上段に５個，下段に５個，合計10個の立方体が図のように接着されています。この状態で，接着面以外のすべての面に色を塗ったとします。あとで切り離したときに，４つの面のみ色が塗られた立方体は10個のうち，何個ありますか。

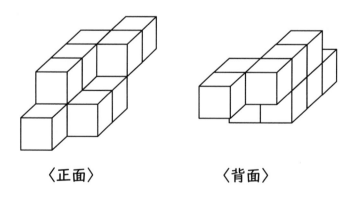

〈正面〉　　　　　〈背面〉

答（　　　　　　　　　）個

3 36人のクラスで実行委員の2人を決めるのに選挙を行いました。5人立候補しているとき，自分に投票された票だけを見て必ず当選した，といえるのは最低何票とれたときですか。ただし，1人1票で，無効票はないものとします。

答（　　　　　　　　　）票

4 ある学級40人に好きな教科についてアンケートをとったところ，国語が好きな人は19人，数学が好きな人は17人，英語が好きな人は18人でした。そしてこの3教科すべてが好きな人は8人でした。この3教科がどれも好きでない人は，少なくとも何人いますか。

答（　　　　　　　　　）人

解答と解説 No.20

1 答

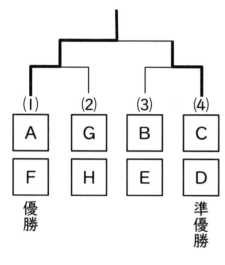

(1) A / F　優勝
(2) G / H
(3) B / E
(4) C / D　準優勝

・条件㋐からAの組は２回勝ったので優勝したことがわかる。

・条件㋑と㋓からFの組は２回勝ったので優勝，Dの組は１回だけ勝ったので準優勝したことがわかる。(1)はAとF，(4)の１つはDとなることが確定する。Bの組は，Dの組に負けたから(3)の１つがBとわかる。

・条件㋒のGの組はBの組と対戦していないことから(2)の１つがGとわかる。

・条件㋐の「Aの組は，Cの組とも，Gの組とも対戦」とあるので(4)の１つがCであることがわかる。

・条件㋓から(2)のもう１つはHであることがわかる。残った(3)のもう１つにEをいれる。

これですべての条件を満たすことになる。

2 答 ５個

立方体の６つの面のうち４つの面のみ塗られるのは，２つの面が接着されている場合である。例えばAの立方体はB，Cの立方体とだけ接着されているので，４つの面のみ塗られる。このように他の立方体についても確認していくと５個であることがわかる。

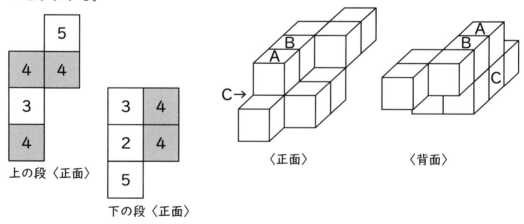

上の段〈正面〉

下の段〈正面〉

〈正面〉　〈背面〉

③ 答 13票

上位2人になるには，上位3人の中で他の人より1票多く取ればよい。

$36÷(2+1)=12$

$12+1=13$

▶解説動画

④ 答 2人

3教科どれも好きでない人数(「?」の人数)が最小の場合の数を求めたい。そのために，どれか1つの教科でも好きな人が最も「多い」場合を考える。3教科すべて好きな人は8人である。2教科だけ好きな人が少ない方が，1教科だけ好きな人が多くなる。3教科のうち2教科だけ好きな人を0人とすると，

国語だけ好きな人19−8=11（人）

数学だけ好きな人17−8＝9（人）

英語だけ好きな人18−8＝10（人）となる。

この場合，3教科どれも好きでない人は，

$40−(11+9+10+8)=2$（人）

〈クラス40人〉

国語好き 11人　0人　数学好き 9人

8人

0人　0人

英語好き 10人

ここを求める→ ? 人

【引用文献】
① , ④『資料解釈 文章理解 判断推理 数的処理 実践150題』2011年 P.254, P.244 (株)都政新報社) 参考
②『数的推理・判断推理 公務員試験合格問題集』2018年 P.234 (新星出版社)
③『公務員試験 数学・数的処理』2017年 P.56 (TAC 株式会社)

1 　あるお店に「ジュース100％割引」とかいてありました。お店の人に聞くと，現金100円を払ってジュースを飲むと，100円のジュース券がもらえるとのことでした。「ジュース100％割引」は正しいですか。正しくないですか。理由を含めて答えなさい。

答（　　　　　　　　　）

理由：

2 　A，B，C，Dの4人が100点満点の試験を受けました。4人の点数について次の㋐〜㋒のことがわかっています。このとき，Dの点数は何点ですか。

㋐AとBの点数差は9点，BとCの点数差は7点，
　CとDの点数差は3点である。

㋑4人の平均点は92点だった。

㋒最高点はAである。

答（　　　　　　　　　）点

3　A，B，C，Dの4人でじゃんけんをしました。お互いに1回以上は必ず行い，相手によっては2回行った人もいます。この結果，Bは2勝1敗，Cは0勝5敗，Dは3勝0敗でした。Aは何勝何敗ですか。

	A	B	C	D	勝	敗
A						
B						
C						
D						

答 （　　　　　勝　　　　　敗）

4　図1は，正八面体の見取図です。これを展開したとき，「F」の文字を位置と向きが正しくなるように図2にかきなさい。

〈図1〉

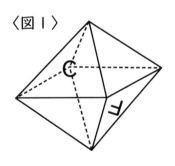

〈図2〉

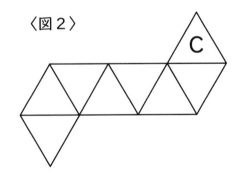

1 **答　正しくない**

理由：

結果として，100円払って，2本のジュースを飲むことになる。

ということは1本あたり50円。つまり，1本あたり50%割引と同じ。

2 **答　91点**

		A	B	7点差	C	3点差	D
(1)	①	x	$x-9$	-7	$x-16$	-3	$x-19$
(1)	②	x	$x-9$	-7	$x-16$	$+3$	$x-13$
(2)	①	x	$x-9$	$+7$	$x-2$	-3	$x-5$
(2)	②	x	$x-9$	$+7$	$x-2$	$+3$	$x+1$

Aの点数をx点とする。⑨の条件「最高点はA」と，⑦の条件の「AとBの点数差は9点」から，

Bは$x-9$（点）

⑦の条件の「BとCの点数差は7点」から，

Cは，Bより7点低い$x-16$(点)の場合（表の(1)）と，

　　　　7点高い$x-2$(点)の場合（表の(2)）が考えられる。

さらに⑦の条件の「CとDの点数差は3点」からDは，

Cから3点低い場合と高い場合が考えられ，Dの点数は

$x-19$(点)，$x-13$(点)，$x-5$(点)，$x+1$(点)の4通りが考えられる。

（上の表）しかし，最高点はAなので，Dの$x+1$（点）はない。（(2)の②は，あり得ない）残りの3つの場合で平均点が92点であることから式を立ててみる。

(1)の①の場合

$x+(x-9)+(x-16)+(x-19)=368$ (92×4) これを解くと$x=103$　　✕

(1)の②の場合 $x+(x-9)+(x-16)+(x-13)=368$ これを解くと$x=101.5$ ✕

(2)の①の場合 $x+(x-9)+(x-2)+(x-5)=368$ これを解くと$x=96$　○

　　Aは96。よってDの点数は$96-5=91$

3 答　3勝2敗

全勝や全敗のCやDからの方が考えやすい。お互いに１回以上は対戦していることをふまえ，Cは５敗だから，A，B，D以外あと２回誰かに負けている。Dは３勝０敗だからA，B，C全員に１勝ずつ。Bは２勝１敗だからDには負けたが，AとCには勝ったことがわかる。ここまでで表のようになり，Aは１勝２敗となる。Cの残りの２回は，Aとの対戦で負けたことがわかる。よってAはあと２回勝っているので３勝２敗。

	A	B	C	D	勝	負
A		×	○	×	(1)	(2)
B	○		○	×	2	1
C	×	×		×	0	5
D	○	○	○		3	0

▶解説動画

3 答

図１にP，Q，R，S，T，Uの頂点をかき込み，図２で対応する頂点をかき込んでいく。「C」の向きから図２の，Ⓟ，Ⓠ，Ⓡ，とⓊがわかる。
図１の辺QUを含む面は面QURと面QUTしかない。よって図２の□がTであることがわかる。図１の辺QTを含む面は面QTUと面QTPしかないので図２の△がPであることがわかる。同様の作業ですべての点をかき，△URSにUが上になるように「F」をかき入れる。

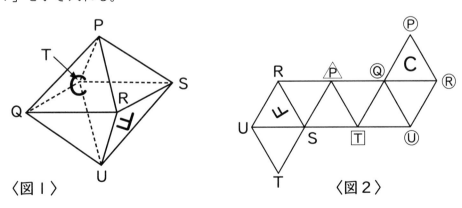

〈図１〉　　　〈図２〉

【引用文献】
[1]井上好文氏実践
[2][4]『数的推理・判断推理公務員試験合格問題集』2018年 P.113，P.214（新星出版社）
[3]中村義作『算数100の難問・奇問』1988年 P.111（講談社）

1 太郎さんと次郎さんと三郎さんが次の会話をしています。この中で1人が正直者で，2人はウソつきです。ウソつきの2人をみつけなさい。（正直者は正しいことしか言わず，ウソつきは間違っていることしか言わない，とします）

> 太郎さん「私は皆が良く知っているように，正直者だ。」
> 次郎さん「太郎さんはウソつきだな〜。私こそ正直者だ。」
> 三郎さん「そう言っている次郎さんこそウソつきだ。
>   本当は，私が正直者なんだ。」

答（　　　　さんと　　　　さん）

2 下の図の立方体ABCD-EFGHに，さいころの1から6の目を全てかき入れました。（点Eは見えていません）面ABCDには「2」，面BFGCには「3」，面CGHDには「6」の目をかき入れました。

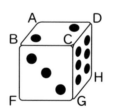

下の展開図の全ての頂点にAからHの記号を入れ，さらに，さいころの目を，位置も向きも正しくなるようにかき入れなさい。ただし「2」の目の裏は「5」の目，「3」の目の裏は「4」の目，「6」の目の裏は「1」の目となります。1，4，5の目は次のようにかきなさい。

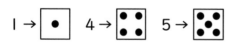

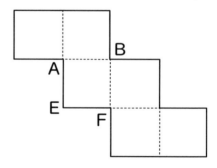

3　図のような４つの領域を赤，青，黄，白の４色で塗り分けます。同じ色が接することがないように塗り分けたとすると，何通りの塗り方がありますか。ただし，１回の塗り方で４色のうち使わない色があってもよいものとします。

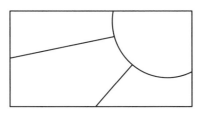

答 （　　　　　　　　　　）通り

4　あるビンジュースの広告に「４本の空きビンを持ってくれば新しいビンジュース１本と交換します」とかかれていました。

たとえば，最初に７本買うと，４本の空きビンで新しいビンジュースが１本もらえ，その空きビンと残っていた空きビン全部でさらにもう１本もらえます。つまり，７本買うと９本飲めます。では，最初に74本買うと何本飲めるでしょうか。答えなさい。

答 （　　　　　　　　　　）本

1　答　太郎さんと三郎さん

3人のそれぞれが正直者だと仮定して考えていく。

・太郎さんが正直者とすると，次郎さんの「太郎さんはウソつき」の言葉がウソになる。すると三郎さんの「次郎さんこそウソつき」の言葉が本当になり，三郎さんも正直者となってウソつきが1人になってしまう　→×

・次郎さんが正直者とすると，次郎さんの「太郎さんはウソつき」の言葉から太郎さんはウソつきとなる。三郎さんの「次郎さんこそウソつき」の言葉から三郎さんはウソつきとなる。ウソつきが太郎さんと三郎さんの2人になる　→○

・三郎さんが正直者とすると，三郎さんの「次郎さんこそウソつき」の言葉から次郎さんがウソつきとなる。次郎さんの「太郎さんはウソつき」の言葉から太郎さんが正直者となり，ウソつきが1人になってしまう　→×

2　答　下の図

まず，頂点の位置を確定させる。さいころの図で辺ABを含む面は，面ABCDと面ABEFしかないことと頂点A，頂点Bの位置から展開図の頂点C，頂点Dの位置が確定する。

次に，さいころの図で辺ADを含む面は，面ABCDと面ADHEしかないことと頂点A，頂点Dの位置から展開図の頂点E，頂点Hの位置が確定する。同様にして，頂点を全て確定させる。あとは目の向きにも気をつけながら，頂点とさいころの目を対応させてうめればよい。

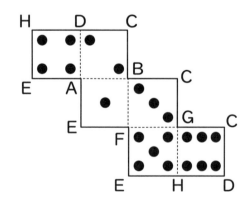

③ 答　48通り

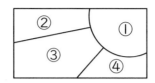

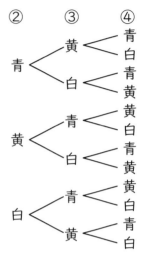

図のように4つの領域に①～④の番号をつける。
①を赤とした場合を考える。②，③，④の塗り方は
右の樹形図のように12通り。（②，③，④のどれか
に赤がくることはない。②と④は同じ色でもよい）
①が青の場合，黄の場合，白の場合のそれぞれも，
同様に12通りある。したがって，12×4＝48となる。

④ 答え　98本

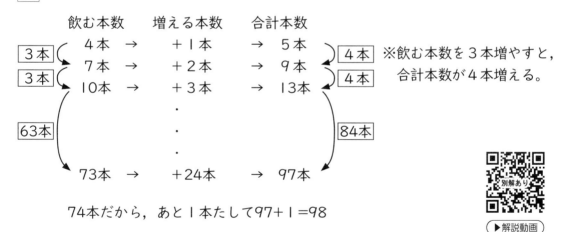

74本だから，あと1本たして97＋1＝98

※飲む本数を3本増やすと，
合計本数が4本増える。

▶解説動画

別解あり

【引用文献】
①逢沢明『頭がよくなる論理パズル』2004 年 P.43（PHP 文庫）
②『数的推理・判断推理 公務員試験合格問題集』2018 年 P.22（新星出版社）
③『公務員試験 数学・数的処理』2017 年 P.139（TAC 株式会社）参考
④藤村幸三郎 田村三郎『パズル数学入門』1977 年 P.268（講談社）

1　次の図は，それぞれすぐ下にかいてある数を表しています。

■ は，いくつを表していますか。

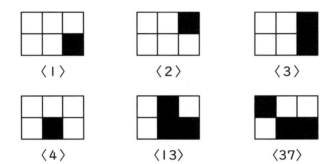

〈1〉　　　　　〈2〉　　　　　〈3〉

〈4〉　　　　　〈13〉　　　　〈37〉

答（　　　　　　　　）

2　$ab○=a+b$,　$ab□=a-b$,　$ab◎=a×b$,　$ab△=a÷b$のように計算すると決めます。

例えば，$ab□cd○◎=(a-b)(c+d)$ となります。

$x=3$,　$y=-5$,　$z=6$,　$u=-\dfrac{1}{3}$,　$v=4$,　$w=-2$のとき，

$xy□zu◎△v◎w○$の値を求めなさい。

答（　　　　　　　　）

3 　3けたの数と2けたの数があり，それぞれ十の位の数がA，Bとなって次のように表されています。

3けたの数 ｜2｜A｜4｜ ，　2けたの数 ｜B｜8｜

3けたの数が2けたの数の整数倍になるようなAとBの組み合わせは全部で何通りありますか。

答（　　　　　　　　　　）通り

4 　25個のマス目の中に，△，□，◎のマークがある規則によって並んでいます。「?」のマス目に入るマークは何ですか。

△	◎	□	△	?	←ここは何？
□	◎	□	◎	◎	
◎	△	△	□	□	
△	□	◎	△	△	
□	◎	△	□	◎	

答（　　　　　　　　　　）

1 答　59

縦の列ごとで，いくつの数字が何個分かということが表されている。

一番右の列は「1」が何個あるかということ。

塗られているのが

下段だけなら「1」が1つ→1×1で1を表す（A）

上段だけなら「1」が2つ→1×2で2を表す（B）

上段と下段なら「1」が3つ→1×3で3を表す（C）

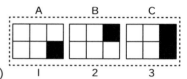

真ん中の列は「4（＝4¹）」が何個あるかということ。

塗られているのが

下段だけなら「4」が1つ→4×1＝4（D）

上段だけなら「4」が2つ→4×2＝8（E）

上段と下段なら「4」が3つ→4×3＝12（F）

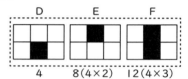

一番左の列は「16（＝4²）」が何個あるかということ。

同様に考え，

下段だけ→16×1＝16（G）

上段だけ→16×2＝32（H）

上段と下段→16×3＝48（I）

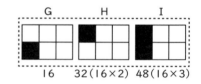

答え
48＋8＋3＝59

〈別解あり〉

2進法の表記がわかっていると，塗られた部分を1，塗られていない部分を0として数字にして並べなおすとわかります。難問25の1の問題と答えを参照してください。

2 答　−18

$xy\square zu◎\triangle v©w○$

$=(x-y)÷(z×u)×v+w$

$=\{3-(-5)\}÷\{6×\left(-\dfrac{1}{3}\right)\}×4+(-2)$

$=8÷(-2)×4+(-2)=-16-2=-18$

3 答 6（通り）

整数をnとすると，$\boxed{2}\boxed{A}\boxed{4} = \boxed{B}\boxed{8} \times n$と表される。

式の一の位に注目する。3けたの一の位の数が4，2けたの一の位の数が8である。このことから考えると，nの一の位は3か8であることがわかる。nの一の位が3または8になる場合に分けてA，Bの値を考える。

■$n=3$のとき，4通り
・204 ＝ 68×3 （A，B）が（0，6）
・234 ＝ 78×3 （A，B）が（3，7）
・264 ＝ 88×3 （A，B）が（6，8）
・294 ＝ 98×3 （A，B）が（9，9）

■$n=8$のとき，1通り
・224 ＝ 28×8 （A，B）が（2，2）

■$n=13$のとき，1通り
・234 ＝ 18×13 （A，B）が（3，1）

nが18以上では，条件を満たす数はない。
4＋1＋1＝6で6通りあることがわかる。

4 答 △

真ん中の△から始まってうずまき状に△，□，◎の順に並んでいる。
したがって，答は△。

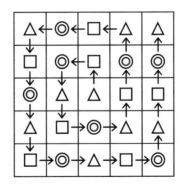

【引用文献】
①『公務員試験 数学・数的処理』2015年 P.271（TA株式会社）
②③『初級公務員数的推理の完全マスター』2007年 P.10, P.20（実務教育出版）
④逢沢明『頭がよくなる論理パズル』2004年 P.65（PHP文庫）

1　赤色ペン，青色ペン，黄色ペン，黒色ペンの4本のペンがあります。この4本のペンは鈴木さん，佐藤さん，田中さん，中村さん4人の誰かのペンで，1人1本ずつであることはわかっています。また次のア～エのことがわかっているとき，どのペンが誰のものか答えなさい。

(ア).赤色ペンは，鈴木さんか田中さんのどちらかのものです。
(イ).青色ペンは，佐藤さんか鈴木さんのどちらかのものです。
(ウ).黄色ペンは，佐藤さんか田中さんのどちらかのものです。
(エ).鈴木さんのペンは，赤色ペンか黒色ペンのどちらかです。

答　　赤色ペン　　　　　　さん，青色ペン　　　　　　さん
　　　黄色ペン　　　　　　さん，黒色ペン　　　　　　さん

2　A，B，C，D，Eの5人が「国語」「数学」「英語」「社会」「理科」の5教科のテストを受けたところ，BとCの2人は2教科で平均点を超え，あとの3人は3教科で平均点を超えました。さらにア～キのこともわかっています。このとき，Bが平均点を超えた教科は何ですか。

(ア).CとEは平均点を超えた教科で同じ教科はなかった。
(イ).AとEは平均点を超えた教科が2教科同じであった。
(ウ).BとEは平均点を超えた教科が2教科同じであった。
(エ).AとBは平均点を超えた教科が1教科だけ同じであった。
(オ).AとDは平均点を超えた教科が1教科だけ同じであった。
(カ).国語の平均点超えは4人，英語の平均点超えは3人であった。
(キ).Aの英語，Cの理科，Dの数学はどれも平均点を超えなかった。

答　Bが平均点を超えた教科（　　　　　，　　　　　）

3　次の式のA〜Iは1〜9までのいずれかの異なる数を表し，ア〜オの式が
成り立っています。このとき，A＋Cはいくつになりますか。

(ア)．　G÷H＝I
(イ)．　F×I＝C
(ウ)．　A－H＝F
(エ)．　A＋B＝C
(オ)．　D－E＝F

答 （　　　　　　　　　　　　）

4　太郎さんと次郎さんは鬼ごっこをしています。
鬼の太郎さんが線に沿って先に1コマだけ動くと，
次に次郎さんも1コマ動くことができます。
次郎さんは，出来るだけ太郎さんから逃げるように
動きます。
太郎さんが次郎さんに追いつくためには，
太郎さんはどのように動けばよいですか。

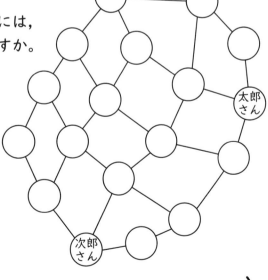

答 （　　　　　　　　　　　　　　　　　）

1　**答　赤色ペン 鈴木さん，　青色ペン 佐藤さん，**
　　　黄色ペン 田中さん，　黒色ペン 中村さん

表をつくって整理して考える。
㋐から，赤色ペンの行の鈴木さんと田中さんに○
㋑から，青色ペンの行の佐藤さんと鈴木さんに○
㋒から，黄色ペンの行の佐藤さんと田中さんに○
㋓から，鈴木さんのペンは青色ペンではないことがわかる。
違うことが確定したところに●をつけるとすると，青色ペンの鈴木さんの欄が●
となる。（ここまでが表になっている）このことから，青色ペンが佐藤さんのもの
と決まる。誰のペンかが確定したところに◎をつけると，青色ペンの佐藤さんの
欄が◎となる。すると，佐藤さんの黄色
ペンの欄が●，黄色ペンの田中さんの欄
が◎，田中さんの赤色ペンの欄が●，赤
色ペンの鈴木さんの欄が◎。最後に，黒
色ペンの中村さんの欄が◎となる。
（実際にかいて確認してください。）

	佐藤さん	鈴木さん	田中さん	中村さん
赤色		○	○	
青色	○	●		
黄色	○		○	
黒色		○		

2　**答　Bが平均点を超えた教科（国語），（英語）**

5つの教科を①，②，③，④，⑤として，㋐から㋖の条件から平均点を超える教
科に○を入れていき，あとで教科名を確定する。
㋐から，Cの2教科を①，②，Eの3教科を③，④，⑤とする。㋑の2教科を③，
④とする。㋒の2教科は③，④，⑤のうちの2つである。㋓の教科は③か④だが
条件は同じなので③とする。㋒と㋓よりBは③，⑤となる。
すると，㋓からAのもう1つの教科は⑤でなく，①か②とわかる。条件が同じな
ので①とする。㋔の1教科は①，③，④
のどれかだが，㋕の国語の平均点超えは
4人から考えて③となる。（③の国語が
確定）Dの残りの2教科は
㋔から②と⑤とわかる。㋕
から⑤は英語。㋖から④は
理科，①は数学，②が社会
ということもわかる。

▶解説動画

〈教科〉

		①	②	③	④	⑤	計
〈生徒〉	A	○		○	○		3
	B			○		○	2
	C	○	○				2
	D		○	○		○	3
	E			○	○	○	3

3　答　15

A＝7，B＝1，C＝8，D＝9，E＝5，F＝4，G＝6，H＝3，I＝2

㋐からH×I＝G。㋑からF×I＝C。この2つの式を満たすIは1～9の中には2だけである。I＝2。このとき，F＝3，H＝4の場合と，F＝4，H＝3の場合がある。

F＝3，H＝4の場合

㋐からG＝8，㋑からC＝6。㋒からA＝7となるが，すると㋓からB＝－1となってしまう。しかし1～9の数とあるのでこれは成り立たない。

F＝4，H＝3の場合

㋐からG＝6，㋑からC＝8。㋒からA＝7。㋓からB＝1。残りはDとE。㋔からD＞Eなので，E＝5，D＝9。これですべての式が成り立つ。

よって，A＋C＝7＋8＝15

4　答　太郎さんはAのところを通過してから追いかけるようにすればよい。

「A」のところを除いて，黒丸と白丸が交互になるように塗ってみる。

太郎さんも次郎さんも白丸にいるので，太郎さんが1つ動いて黒丸にいくと，次郎さんも黒丸に行く。このままでは，追いつけない。

しかし，太郎さんが「A」のところに行くと，白黒逆になり，追いつくことができる。

（例えば①から④のように進んでから追いかける）

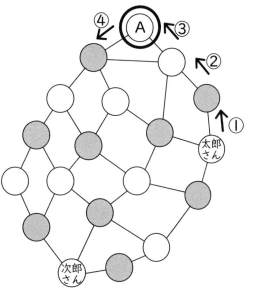

【引用文献】
①逢沢明『頭がよくなる論理パズル』2004年 P.101（PHP文庫）
②『資料解釈 文章理解 判断推理 数的処理 実践150題』2011年 P.250（㈱都政新報社）
③『初級公務員数的推理の完全マスター』2007年 P.24（実務教育出版）
④藤村幸三郎，田村三郎『パズル数学入門』1977年 P.43（講談社）

1 　私たちが普通使う数字の表し方を10進法といいます。1が10個集まると次の位に上がり，10と表され，10が10個集まると次の位に上がり100と表されます。数字の表し方には2進法というものもあります。

　1が2個集まると次の位に上がり，10と表され，10が2個集まると次の位に上がり100と表されます。2進法を1から順にかくと

1，10，11，100，101，110，111，1000，1001…　となります。

では2進法の11111は，1から数えて何番目の数ですか。

（1001は1から数えて9番目の数です。）

答（　　　　　　　　　）番目

2 　市内の5つの中学校，第一中学校，第二中学校，第三中学校，第四中学校，第五中学校が同じ日に校外学習に取り組むことになりました。どの学校も同じ電車を行きの1回だけ利用しますが，乗る駅と降りる駅は学校ごとで決まっています。この電車は始発のA駅から，B駅，C駅，D駅，E駅，F駅，終点のG駅までの7つの各駅に止まります。また，下記のア～カのことがわかっています。第四中学校が乗った駅と降りた駅はどこですか。

(ア). 1本の電車には，2校以下でなければならない。

(イ). A駅で乗ったのは2校あって，G駅で降りたのは1校だけである。

(ウ). 第一中学校が降りた駅で，第三中学校が乗った。

(エ). 第二中学校は乗った駅の4つ先の駅で降りた。

(オ). 第三中学校は乗った駅の2つ先の駅で降りた。

(カ). 第二中学校と第四中学校は同じ駅で降りたが，この駅で乗り込んだ学校はなかった。

	A駅	B駅	C駅	D駅	E駅	F駅	G駅
第一中学校							
第二中学校							
第三中学校							
第四中学校							
第五中学校							

答　第四中学校は（　　　　　　　）駅で乗り（　　　　　　　）駅で降りた

名前 （　　　　　　　　　　　　　　　　　　　）

3　右図のようなタイルがあります。
下の図形の中でAとBのどちらか，または両方は，このタイルで敷きつめることができます。ただし，タイルの向きは自由に変えても構いません。また，斜線の部分にはタイルはおけないこととします。㋐，㋑，㋒のどれかに〇をつけ，実際にタイルをおいたことがわかるように図にかきなさい。

㋐ AもBもできる
㋑ Aはできるが，Bはできない
㋒ Aはできないが，Bはできる

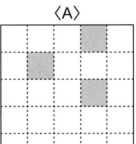

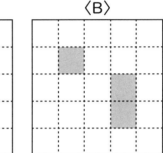

4　4つの正方形が組み合わさって大きな正方形が1つできています。9つの交点に，左上から順に，A，B，C，D，E，F，G，H，Iと記号をつけます。A～Iに0から8の数字を入れなさい。ただし，それぞれの正方形の4つの頂点の和はどれも等しいこととします。また，A＜C＜G，A＜Iとなるようにします。

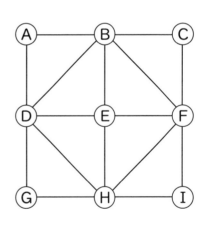

※正方形は全部で6つです。
正方形ABED，正方形BCFE，正方形DEHG，正方形EFIH，
正方形ACIG，正方形BFHD。

答 $\left(\begin{array}{l}\text{A}=\qquad, \text{B}=\qquad, \text{C}=\qquad, \text{D}=\qquad, \text{E}=\qquad, \\ \text{F}=\qquad, \text{G}=\qquad, \text{H}=\qquad, \text{I}=\qquad\end{array}\right)$

1　答　**31番目**

1から順に書き並べると

1, 10, 11, 100, 101, 110, 111, 1000, 1001, 1010, 1011, 1100, 1101, 1110, 1111, 10000, 10001, 10010, 10011, 10100, 10101, 10110, 10111, 11000, 11001, 11010, 11011, 11100, 11101, 11110, 11111（31番目）

▶解説動画

　2進数（2進法）はコンピュータ理解に欠かせず，頻出するので，2^{10}程度までは暗記しておきたい。

2　答　**第四中学校は（D）駅で乗り，（E）駅で降りた。**

乗る駅に〇，降りる駅に●のマークを付ける。

▶解説動画

	A駅	B駅	C駅	D駅	E駅	F駅	G駅
第一中学校	〇	●					
第二中学校	〇				●		
第三中学校		〇		●			
第四中学校				〇	●		
第五中学校						〇	●

第二中学校は条件エで，「4つ先の駅で降り」とあるので，第二中学校の乗り降りの駅はA→E，B→F，C→Gのどれかとしぼりやすいのでここから考える。G駅で降りたとする場合，条件(カ)からG駅で2校降りたことになり条件(イ)に反する。F駅で降りたとする場合，条件(カ)からF駅で乗り込む学校はないが条件(イ)からG駅で降りる学校はある。するとF駅の前では3校が同時に乗っていたことになるので，条件(ア)に反する。よって第二中学校はA駅で乗りE駅で降りたとわかる。次に第三中学校について考える。条件(オ)から第三中学校の乗り降りの駅はA→C，B→D，C→E，D→F，E→Gのどれかである。条件(ウ)からA駅で乗ることはない。条件(ア)と条件(カ)，さらに第二中学校，第四中学校がE駅で降りたことから第三中学校がE駅，F駅，G駅で降りることはない。したがって第三中学校はB駅で乗りD駅で降りたとわかる。このことと条件(ア)から第四中学校はD駅で乗ったことがわかる。以上より第一中学校はA駅で乗りB駅で降り，さらに条件(ア)と(イ)から第五中学校はF駅で乗りG駅で降りたことがわかる。

3 答 ウ

タイルを ○┊× で表す

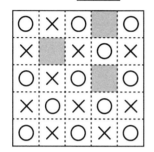

Aは敷きつめられない
○12個，×10個

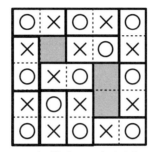

Bを敷きつめた図
○11個，×11個

方眼に，○と×を交互に入れて，○と×の数を数えてみる。Aは○12個，×10個，Bは○11個，×11個。○と×が同数の場合のみ敷きつめることができるので，Aは敷きつめられない。Bは○と×が同数なのでこの条件は満たす。実際，図のように敷きつめることができる。

4 答 A＝0，B＝7，C＝2，D＝5，E＝4，F＝3，G＝6，H＝1，I＝8

▶解説動画

AからIの全ての和は36。正方形の頂点の和をSとする。2つの正方形ACIG，正方形BFHDの頂点の和とEに注目をすると

2S＋E＝36 …①

4つの正方形ABED，正方形BCFE，正方形DEHG，正方形EFIHの頂点の和と，正方形BFHDの頂点の和とEに注目をすると

4S－S－3E＝36 簡単にすると S－E＝12 …②

①と②から，E＝4，S＝16 S－E＝12であることとE＝4であることから4以外の0から8までの数を3つ使って和が12になるのは

0＋5＋7，1＋3＋8，1＋5＋6，2＋3＋7の4通りしかない。

このうち，0，2，6，8は，1回ずつしか出てこないので，A，C，G，Iのいずれかである。Aは，最小の数なので，A＝0。するとB，Dは5か7のどちらかとわかる。

正方形EFIHは，4，1，3，8の4つでできているので，I＝8。

これより，C＝2，G＝6 そしてB＝7，D＝5，F＝3，H＝1がわかる。

【引用文献】
[2]『資料解釈 文章理解 判断推理 数的処理 実践150題』2011年 P.248（㈱都政新報社）
[3]『数的推理 判断推理 公務員試験合格問題集』2018年 P.228（新星出版社）
[4]藤村幸三郎，田村三郎『パズル数学入門』1977年 P.268（講談社）

1 次のヒストグラムは，あるグループを対象に，ある日の携帯電話に届いたメッセージの件数を調べ，その結果をまとめたものです。なお，全員がメッセージを確認しており，メッセージが届いた件数が20件未満あるいは41件以上の人はいませんでした。次の問いに答えなさい。

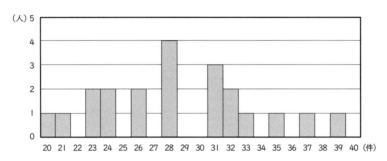

(1)グループのメンバーは何人ですか。

適切なものを次の①～⑤のうちから一つ選びなさい。

①20　②21　③22　④23　⑤24　　　　答 （　　　　　）

(2)メッセージが届いた件数の中央値と最頻値の大小関係として，

適切なものを次の①～⑤のうちから一つ選びなさい。

①中央値＝28＝最頻値　　②最頻値＜28＜中央値

③中央値＝28＜最頻値　　④最頻値＝28＜中央値

⑤中央値＜28＜最頻値　　　　　　　　　　答 （　　　　　）

2 次のヒストグラムは，47都道府県別の医師の数を調査した結果です。ただし，ヒストグラムの階級はそれぞれ，0人以上2,000人未満，2,000人以上4,000人未満，…，48,000人以上50,000人未満のように2,000人ずつ区切られています。

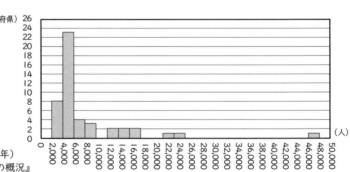

資料：厚生労働省『平成30年（2018年）
医師・歯科医師・薬剤師統計の概況』

名前　（　　　　　　　　　　　　　　　　　）

左下のヒストグラムから読み取れることとして，次の⑦，⑦，⑨の３つの意見がありました。正しい意見には○を，正しくない意見には×をつけました。その組み合わせとして，下の①～⑤のうちから最も適切なものを一つ選びなさい。

⑦中央値は2,000人以上4,000人未満の階級に含まれる。

⑦医師の数が多い方から15番目の値は6,000人以上8,000人未満の階級に含まれる。

⑨平均値は14,000人以上16,000人未満の範囲に含まれる。

① ⑦：○　⑦：○　⑨：○　　② ⑦：×　⑦：○　⑨：×
③ ⑦：×　⑦：○　⑨：○　　④ ⑦：×　⑦：×　⑨：×
⑤ ⑦：○　⑦：○　⑨：×

答（　　　　　　　　）

3　右の図は，ある中学校の生徒23人の理科のテストの得点分布を表したものです。例えば，10点台は17点が１人，20点台は27点が１人，30点台は35点が２人，38点は１人とみます。50点台の１の位 x は１，２，３のいずれかの値です。

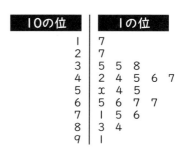

10の位	1の位
1	7
2	7
3	7 5 5 8
4	2 4 8 5 6 7
5	x 4 5 5
6	5 1 6 7 7
7	1 5 6
8	3 4
9	1

上の図からヒストグラムを作成しました。適切なものを次の①～④のうちから一つ選びなさい。

①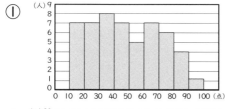

③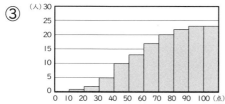

②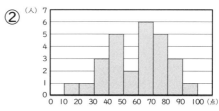

④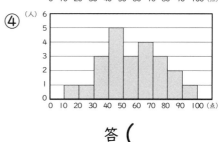

答（　　　　　　　　）

1 答 (1)② (2)①

(1) 度数を数えると21であるため②。

(2) 最頻値は度数が最も多い28件である。
件数が多い方から数えると，11番目に多い人が28件だから，
中央値は28である（少ない方から数えても，同様に28件である）。
中央値と最頻値が28であるため①。

2 答 ②

(ア) 中央値は24個目のデータである。
よって階級は4,000人以上6,000人未満に含まれる。×

(イ) 多い方から15番目のデータの階級は6,000人以上8,000人未満の階級に含まれる。○

(ウ) 4,000以上6,000人未満の階級が突出している。×。
（平均値はおよそ 6,600人）

3 答 ④

この図は，17点1人，27点が1人，…のように得点分布を表している。

【引用文献】
①②③一般財団法人 統計質保証推進協会『統計検定4級』2019 年 11 月 24 日 P.5，P.14，P.16
https://www.toukei-kentei.jp/wp-content/uploads/201911grade4.pdf

☐1 下の箱ひげ図はある学年の社会と英語のテスト結果を表したものです。
図から読み取れることとして，正しいものをすべて選びなさい。

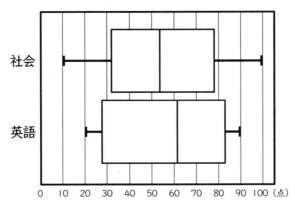

①英語の方が散らばり具合が大きい。

②ある個人の両方の得点は60点以上である。

③社会の方が平均点が高い。

④全体の $\frac{1}{4}$ 以上の人は，両方の得点で40点未満である。

⑤全体の半分以上の人が，社会と英語の少なくとも一方の得点が40点以
上である。

答（　　　　　）

☐2 次の図は，ある中学校の1年生10人の国語と数学の小テスト（各10点満
点）の結果を表したものです。例えば，Aは「国語が2点，数学が3点」
であることを表しています。

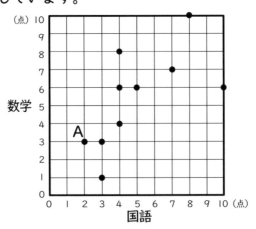

(1)国語と数学のそれぞれの点数の最頻値の組合せとして，最も適切なもの
を次の①～④のうちから一つ選びなさい。

① 国語：3点　数学：6点　　② 国語：4点　数学：3点

③ 国語：4点　数学：6点　　④ 国語：3点　数学：3点

答（　　　　　　）

(2)国語と数学の点数の箱ひげ図の組合せとして，最も適切なものを次の
　①～④のうちから一つ選びなさい。

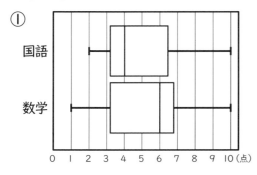

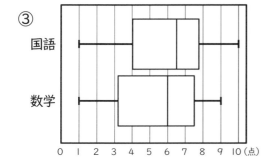

答（　　　　　　）

3 　AさんとBさんが「サイコロで出た目の数が大きい方が勝ち」という
ゲームをします。2人は変わったサイコロを使っています。
Aさんのサイコロの目は1，1，2，5，6，6であり，
Bさんのサイコロの目は2，3，4，4，4，4である。
どちらも「目の数の和の合計」は21であり，どの目も出方は同様に確か
らしいとします。このゲームは確率的に互角ですか。それともAかBどち
らが有利ですか。理由を添えてかきなさい。

答（　　　　　　理由：　　　　　　　　　　　　　　　　　　）

1 答 ⑤

① 散らばり具合は，最大値−最小値を見ればよい。
　　社会は100−10＝90（点），英語は90−20＝70（点）。誤り。
② ある個人の「両方の得点」は箱ひげ図からはわからない。誤り。
③「平均点」はこの箱ひげ図からはわからない。誤り。
④「両方の得点」は箱ひげ図からはわからない。誤り。
⑤ 箱ひげ図からは，「少なくとも一方」の得点はわかる。
　　全体の半分以上（中央値以上）の人が，
　　社会と英語の「少なくとも一方の得点が40点以上」。正しい。

2 答 ⑴③ ⑵①

⑴ 国語の最頻値は4点，数学の最頻値は6点。③
⑵ 国語は最大値10点，最小値2点，中央値が4点
　　数学は最大値10点，最小値1点，中央値が6点。①

3　答　Aさんが有利。（Aは18勝17敗1分）

A＼B	2	3	4	4	4	4
1	×	×	×	×	×	×
1	×	×	×	×	×	×
2	△	×	×	×	×	×
5	○	○	○	○	○	○
6	○	○	○	○	○	○
6	○	○	○	○	○	○

○，×，△はAさんのBさんに対する勝敗を表している。
○は勝ち，×は負け，△は引き分け。

【引用文献】
1　吉田信夫『ほぼ計算不要の思考力・判断力・表現力のトレーニングⅠ・A』2018 年 P.96（東京出版）
2　一般財団法人 統計質保証推進協会『統計検定3級』2019 年 11 月 24 日 P.12
https://www.toukei-kentei.jp/wp-content/uploads/201911grade3.pdf
3　雅孝司『数学パズル珍問奇問 105 題』1988 年 P.85（日本文芸社）

1　ある県の小学校のうち，年度当初にその県に住む小学6年生男子の体力を知るために，体力検査を実施している小学6年生男子の中から無作為に300名を抽出し，その結果を集めました。この標本調査の母集団と標本について，最も適切な組合せを次の①～⑤のうちから一つ選びなさい。

①母集団：ある県の小学校全体
　　標本：年度当初に体力検査を行った小学生
②母集団：ある県の小学校で体力検査を実施した小学6年生男子
　　標本：上の母集団から無作為に抽出した300名
③母集団：ある県の小学校で年度当初に体力検査を実施した小学6年生男子
　　標本：無作為に抽出した300名の児童が所属する小学校
④母集団：全国の小学校全体
　　標本：ある県の小学校全体
⑤母集団：ある県の小学校で年度当初に体力検査を実施した小学6年生男子
　　標本：上の母集団から無作為に抽出した300名

答（　　　　　　　）

2　ある中学校全校生徒600人の携帯電話の使用時間を調査する計画を立てました。

(1)この中学校の生徒がどの程度，携帯電話を使用しているかを調べるアンケート調査の質問内容として，次のA，B，Cを考えました。

A　あなたは携帯電話を使用するのが好きですか。
B　あなたは先月1か月間で何時間ぐらい携帯電話を使用しましたか。
　　　　　　　　　　およそ（　　　　　　　）時間
C　あなたは来月1か月間で携帯電話を何時間使おうと考えていますか。
　　　　　　　　　　およそ（　　　　　　　）時間

上の質問A，B，Cのうち生徒の使用時間を調査できる質問はどれですか。最も適切なものを次の①～⑤の中から一つ選びなさい。

①　Aのみ　　②　Bのみ　　③　Cのみ　　④　AとBのみ　　⑤　BとCのみ

答（　　　　　　　）

(2)この中学校の生徒が，どの程度携帯電話を使用しているかを調べます。そのために，次の三つの調査方法D，E，Fを考えました。

D 全校生徒にアンケートを行う。
E ある特定の数クラスにアンケート調査を行う。
F 1年A組10番や2年C組24番など学年，組，番号を書いたカードを全生徒分用意し，それらをすべて箱の中に入れ無作為に抽出し，取り出したカードに該当する生徒にアンケート調査を行う。なお，取り出したカードは箱に戻さないものとし，取り出すカードの枚数は200枚とする。

上のD，E，Fのうち，調査方法として正しいものはどれですか。最も適切なものを次の①～⑤の中から一つ選びなさい。

① Dのみ　　② Eのみ　　③ Fのみ　　④ DとEのみ　　⑤ DとFのみ

3　次の表は10人の理科と国語の試験（各100点満点）の結果です。

出席番号	1	2	3	4	5	6	7	8	9	10
理科	60	80	70	40	50	40	90	40	50	60
国語	100	65	80	40	75	40	30	50	50	60

(1)理科の平均点と国語の平均点をそれぞれ求めなさい。

(2)理科の平均点は60点ぐらいと予想したとします。60点を仮の平均とおいて，平均値を求めなさい。なお，下の表を用いて求めてもよい。

出席番号	1	2	3	4	5	6	7	8	9	10
(理科)－60点										

(3)理科と国語の平均点は近いと予想したとします。

一人一人の『(理科の得点)－(国語の得点)』を計算して，理科の平均を求めなさい。なお，下の表を用いて求めてもよい。

出席番号	1	2	3	4	5	6	7	8	9	10
(理科)－(国語)										

(4)もう一人の結果が追加された。それにより，理科の平均点が2点上がった。国語の平均点も上がり，同じ平均点になった。11人目の理科と国語の得点を求めなさい。　　　　答（　　　　　）点

1 答 ⑤

母集団は「ある県の小学校のうち，年度当初に体力調査を実施している小学6年生男子」で，標本は「その母集団から無作為に抽出した300名」である。

2 答 (1)② (2)⑤

(1) 事実を調べているのは，Bのみ。②

(2) Dは全数調査，Eはクラスを選ぶ際に，偏りが生じる可能性がある。Fは無作為に抽出している。⑤

3 答 (1)理科：58点，国語：59点 (2)58点，
(3)58点 (4)理科：80点，国語：70点

(1)
理科：$\dfrac{60+80+70+40+50+40+90+40+50+60}{10}=58$（点）

国語：$\dfrac{100+65+80+40+75+40+30+50+50+60}{10}=59$（点）

(2)

出席番号	1	2	3	4	5	6	7	8	9	10
(理科)−60点	0	20	10	-20	-10	-20	30	-20	-10	0

$(理科)-60：\dfrac{0+20+10+(-20)+(-10)+(-20)+30+(-20)+(-10)+0}{10}$

$=-2$（点）

よって，$60-2=58$（点）

(3)

出席番号	1	2	3	4	5	6	7	8	9	10
(理科)－(国語)	-40	15	-10	0	-25	0	60	-10	0	0

(1)より{(理科)－(国語)}の平均は「－1」点である。

{(理科)－(国語)}の平均＝(理科の平均)－(国語の平均)

よって，

(理科の平均)＝(国語の平均)＋{(理科)－(国語)}の平均

$\qquad$ ＝59＋(－1)＝58(点)

〈考え方〉

10人の得点の合計を「総和」とよぶ。

{(理科)－(国語)}の総和＝(理科の総和)－(国語の総和)

両辺を10で割ると，

{(理科)－(国語)}の平均＝(理科の平均)－(国語の平均)

となる。

(4)11人に増えて理科の平均点が2点上がる(60点になる)ことは，11人目の得点は，これまでの平均点を22点上回る。よって，理科は58＋22＝80(点)。

国語の平均点も60点になり1点上がるから，11人目の得点はこれまでの平均点を11点上回る。よって，国語は59＋11＝70(点)。

【引用文献】
①一般財団法人 統計質保証推進協会『統計検定4級新出題範囲例題集』2019年6月28日版 P.1
https://www.toukei-kentei.jp/wp-content/uploads/202004reidai_grade4.pdf
②一般財団法人 統計質保証推進協会『統計検定4級』2019年11月24日 P.4
https://www.toukei-kentei.jp/wp-content/uploads/201911grade4.pdf
③吉田信夫『ほぼ計算不要の思考力・判断力・表現力のトレーニングⅠ・A』2018年 P.98(東京出版)

[1]　動物好きのひとみさんが飼っているペットは，
2匹を除いてみんなイヌ
2匹を除いてみんなネコ
2匹を除いてみんなカメ
ひとみさんのペットたちはそれぞれ何匹ですか？

答（イヌが　　　　匹，ネコが　　　　匹，カメが　　　　匹）

[2]　商店街の道路をはさんで，6件のお店AからFがあります。
お店Aの場所はわかっています。他のお店の位置関係は㋐〜㋕のように
なっています。

㋐. 道をはさんでDの前はE。
㋑. Eの隣は魚屋さん。
㋒. Eと薬屋さんは，道の同じ側にある。
㋓. Aから道を見て，Aの右隣は本屋さん。
㋔. 本屋さんの前は八百屋さん。
㋕. 八百屋さんの隣はケーキ屋さん。

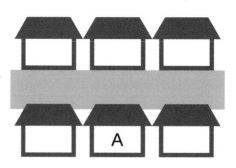

このとき，Aは何屋さんですか。

答（　　　　　　　　　　　　）

3 　AとBの2人は，M岬まで同じコースを往復してジョギングをすることにしました。AとBは同時に同じ地点を出発したが，AはM岬を折り返したあと480m走ったところでBとすれ違いました。そのとき時計を見るとスタート地点を出発してから24分経っていました。Aはスタート地点を出発してから40分後に再びスタート地点に戻りました。Bが帰着するのは，Aが帰着してから何分後ですか。ただし，A，Bとも一定の速さで走り，岬の先頭に到着後直ちに帰路に向かうものとします。

答（　　　　　　　　）分後

4 　A，B，C，D，Eの5人が魚釣りに行きました。
この5人が釣った魚の数について，次の(ア)～(オ)の5つのことがわかっています。このとき，5人のうち，釣った魚の数が2番目に多かったのは誰で，何匹ですか。

(ア).Eが釣った魚の数は，Bが釣った魚の数より4匹少ない。
(イ).Dが釣った魚の数は，Bが釣った魚の数よりは多いが，
　　Aが釣った魚の数より6匹以上少ない。
(ウ).Cが釣った魚の数は，Eが釣った魚の数より7匹多い。
(エ).釣った魚の数が2番目に少ない者は，12匹の魚を釣った。
(オ).Bが釣った魚の数は，Aが釣った魚の数より8匹少ない。

答（　　　　で，　　　　匹）

1 答　イヌが1匹，ネコが1匹，カメが1匹

これで問題文にあう。

2 答　魚屋

㋑，㋐，㋕から，本屋と八百屋とケーキ屋が決まる。

㋑と㋒から，魚屋と薬屋は道の同じ側にあるので，Aのある側しかありえない。

さらにEもAと同じ側にあり，Eの場所はAと異なるので，

Aの両側のどちらかである。そのEの隣が魚屋なので，Aは魚屋だと決まる。

なお，Eは本屋，Dは八百屋。Aの左隣は薬屋。

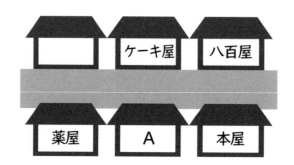

▶解説動画

3 　答　20分後

　Aは往復で40分だから，片道は20分。
岬で折り返しBに会ったのが24分，つまり
4分間で480m走ったことになる。よって，
Aの速さは480÷4＝120（m／分）
岬までは120×20＝2400（m）
Bは岬の480m手前までを24分で走ったから，
Bの速さは（2400－480）÷24＝80（m／分）
Bが岬までの往復にかかる時間は，4800÷80＝60（分）　　60－40＝20（分）

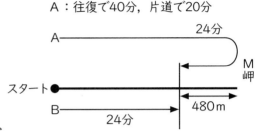

A：往復で40分，片道で20分

4 　答　Cで15匹

　条件から釣った魚の数の関係を表してみると，
条件(ア)からE＝B－4（E＜B）
条件(イ)からB＜D＜A－6
条件(ウ)からC＝E＋7
条件(オ)からB＝A－8（B＜A）
と表せる。

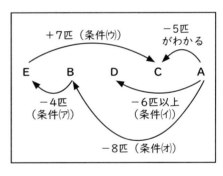

条件(ア)と条件(オ)と条件(イ)からC以外の4人の釣った魚の数を比べると，
E＜B＜D＜Aとなる。
条件(ア)と条件(ウ)と条件(オ)からC＝A－5であることがわかる。
このことと条件(イ)から5人を比べるとE＜B＜D＜C＜Aとなる。
条件(エ)から，2番目に少ないBが12匹。条件(ア)からEは8匹。
条件(オ)からAは20匹。条件(ウ)からCは15匹。
条件(イ)からDは13匹か14匹。

【引用文献】
①②逢沢明『頭がよくなる論理パズル』2004年 P.129，P.185(PHP文庫)
③『初級公務員の数的推理の完全マスター』2007年 P.51（実務教育出版）
④『資料解釈 文章理解 判断推理 数的処理 実践150題』2011年 P.246(㈱都政新報社)

1　A〜Fの6人がテーブルを囲んで座っていて，(ア)〜(エ)のことがわかっています。

(ア). FはEの1つおいた左隣に座っています。

(イ). BはAの真向かいです。

(ウ). DはCの1つおいた右隣りです。

(エ). DはBの隣ではないです。

6人の座り方はどのようになりますか。
図にかきこみなさい。

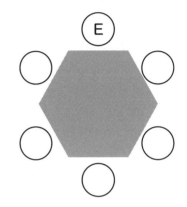

2　A，B，Cの3人が1つのサイコロと12個のビー玉を使った遊びをしていました。ルールは各自サイコロを2回ずつ振って出た目の数の和を，1回目に出た目の数で割り，その余りの数だけビー玉を取ることができるというものでした。例えば，1回目に3，2回目に2の数が出た場合には，3＋2＝5。5÷3＝1余り2となって2つのビー玉を取ることができます。3人が2回ずつ振ったところ，12個全部をちょうどうまく分けることができ，ビー玉の数は，AはBより多く，BはCより多くなりました。このとき，Aの出した2回目のサイコロの数はいくつですか。

答（　　　　　　　　　）

3 　ある商品を何個か仕入れて原価の何割増しかの定価をつけて売りました。仕入れ個数の6割を売ったところで売れ行きが悪くなったので，定価の1割引きで売って売りつくしたところ，利益は仕入れ値の44％でした。はじめにつけた定価は原価の何倍ですか。

答（　　　　　　　　　　　）倍

4 　ヒロシさん，サトシさん，タカシさんが通う学校には学生食堂があり，AからEの5種類の定食があります。彼らの定食の好きな順は，表のとおりです。ある時，3人が同じ定食を食べることにしました。そこで，どの定食にするのかを多数決で決めることにしました。ヒロシさんの提案で，「最初にA定食とB定食の対戦。そのうちの勝った方とC定食の対戦。そしてまた勝った方とD定食の・・・と勝ち抜き戦で，最後のE定食まで対戦して決めよう」ということになりました。結局，食べるのは何定食ですか。

順位	ヒロシさん	サトシさん	タカシさん
1	A	C	B
2	D	B	A
3	C	A	E
4	B	E	D
5	E	D	C

答（　　　　　　　　　　　）定食

1 答

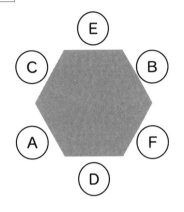

E以外の席に1～5の番号をつける。条件アから2の位置がFとわかる。条件イから「AとB」は,「1と4」「4と1」のどちらかである。残りの2席は条件ウから, 5がCで, 3がDとわかる。条件エからDがBの隣でないので, 1がBとわかり, 4はAとわかる。

2 答 5

12個全部をちょうどうまく分けることができたから　A＋B＋C＝12
そして, A＞B＞CこれよりA≧5となる。
Aが4以下だと, どうやっても全体で12個にならない。また, 余りが6以上になることはない（A＜6）。
したがってA＝5
余りが5になる割り算は,
11÷6＝1余り5だけである。
よって1回目が6, 2回目が5

3 答 1.5倍

原価をa円，仕入れた個数をb個。はじめにつけた定価を原価のx倍とする。

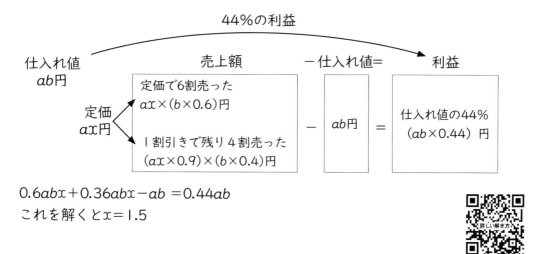

$0.6abx+0.36abx-ab=0.44ab$

これを解くと$x=1.5$

▶解説動画

4 答 E定食

まず，A定食とB定食の対戦では，ヒロシさんはB定食よりもA定食が好きだが，サトシさんとタカシさんはA定食よりもB定食の方が好きなので，1対2で，B定食が勝つ。そのB定食をC定食と対戦させると，表から，ヒロシさん：C，サトシさん：C，タカシさん：Bを選ぶことになるので，C定食が勝つ。CとDでは，1対2で，D定食が勝つ。DとEでは，1対2で，E定食が勝つ。

【引用文献】
①④逢沢明『頭がよくなる論理パズル』2004 年 P.19，P.77（PHP 文庫）
②③『初級公務員 数的推理の完全マスター』2007 年 P.24，P.56（実務教育出版）

1　花子さんはトランプのスペード，ハート，クラブ，ダイヤの４種類の
マークのうち，好きなマークが１つだけあります。花子さんがトランプの
ゲームをしていたら手元に13枚のカードが配られてきました。㋐～㋑の
ことがわかっているとき，花子さんの好きなマークは何ですか。

㋐．４種類のマークが，少なくとも１枚ずつ以上ありました。
㋑．それぞれのマークの枚数は違っていました。
㋒．スペードとハートの合計は５枚でした。
㋓．スペードとダイヤの合計は６枚でした。
㋔．花子さんの好きなマークのカードは２枚しかありませんでした。

答（　　　　　　　　　　）

2　中学校のバスケットボールの大会が終了し，あるチームの５人の選手A
さん，Bさん，Cさん，Dさん，Eさんの得点について調べたら，次の㋐～
㋓のことがわかりました。５人を得点の低い順に並べなさい。

㋐．CさんとDさんの得点の合計は，AさんとBさんの得点の合計と等しい。
㋑．Cさんの得点は，５人のうちで最も高かった。
㋒．EさんとCさんの得点の合計は，Dさんの得点の２倍よりは低かった。
㋓．Bさんの得点は，５人のうちで２番目に多い得点の選手より低かった。

答（　　，　　，　　，　　，　　）

3 「6の倍数」ならば「2の倍数」である。…㋐

㋐の文で，「6の倍数」を仮定，「2の倍数」を結論といいます。
仮定と結論を次のようにしたとき，その文が正しいかを考えます。

【1】仮定と結論を入れ替えた文を『逆』という。
㋐の逆は次のようになる。「2の倍数」ならば「6の倍数」である。…㋑
㋑の文は正しくない。（2は，2の倍数だが6の倍数でないから）

【2】仮定も結論も否定した文を『裏』という。
㋐の裏は次のようになる。「6の倍数でない」ならば「2の倍数でない」…㋒
㋒の文は正しくない。（4は，6の倍数でないが2の倍数である）

【3】『裏』の『逆』（または『逆』の『裏』）を『対偶』という。
㋐の対偶は次のようになる。
「2の倍数でない」ならば「6の倍数でない」…㋓　㋓の文は正しい。
（2の倍数でない，ということは奇数。奇数ならば6の倍数でない）

次のそれぞれの文の対偶をかき，正しければ〇を，正しくなければ×をか
きなさい。
(a) n が偶数ならば，$n+3$ は奇数である。
(b) 3けたのある自然数が3の倍数でないならば，その数の各位の数の和は
3の倍数でない。（例：125は3の倍数でない→1+2+5＝8は3の倍数でない）

(a)		
(b)		

4 　学校には，A，B，Cの3つのタイプの台車があり，それらの荷物を運べる
量の比は5：3：2です。これらの3タイプの台車は合わせて30台ありま
す。近くの学校から借りて，BタイプとCタイプの台車の数をどちらも5倍
にすると，全体の荷物を運べる量は3倍になります。AタイプとCタイプの
台数の合計が最も少ない場合のCタイプの台車の数は何台になりますか。

答（ 　　　　　　　　　 ）台

1 答　ダイヤ

㋐と㋒と㋓から，スペードは１枚から４枚の間であることがわかる。

スペードが１枚から４枚までを順に調べると，次の表のようになる。

スペード	ハート	ダイヤ	クラブ	条件にあっているか
1	4	5	3	×（2枚のカードがない）
2	3	4	4	×（4枚のカードが2種類）
3	2	3	5	×（3枚のカードが2種類）
4	1	2	6	○（すべての条件を満たす）

2枚になるのは，ダイヤ。

2 答　E, D, B, A, C

A，B，C，D，Eの得点をa，b，c，d，eとする。

条件㋐を式にすると$c+d=a+b$となる。この式を変形すると$c-a=b-d$。

条件㋑からcは最多点なので左辺は正の数となり，$b-d$も正の数。よって，$d<b$。

また，$c+d=a+b$を変形すると$c-b=a-d$。$c-b$が正の数なので$a-d$も正の数。よって，$d<a$。

ここまでのことと条件㋑から，a，b，c，dの4つは低い順にd，（aかb），cとなることがわかる。

条件㋒を式にすると，$e+c<2d$。eとdの大きさは，$e>d$，$e=d$，$e<d$のいずれかである。$e>d$とすると$c>d$（cが最多得点）と合わせて考えて，$e+c>2d$となるので，条件㋒とあわない。$e=d$とすると$c>d$と合わせて考えて，やはり$e+c>2d$となるので，条件㋒とあわない。$e<d$とした場合は，条件㋒を満たす数はある。

ここまでで低い順にe，d，（aかb），cとなる。このことと条件㋓からBは「2番目に高い得点の選手より低かった」のだから高い方から数えて3番目とわかる。（低い方からも3番目）。

よって，低い順にe，d，b，a，cとなる。

3 答

(a) n＋3が偶数ならば，nは奇数である。○（正しい）

aを整数とすると，n＋3が偶数なので，n＋3＝2aと表される。

式を変形すると，n＝2a－3，n＝2（a－1）－1，a－1は整数なのでnは奇数である。

(b) 3けたのある自然数の各位の数の和が3の倍数であるならば，その3けたの数は3の倍数である。○（正しい）

百の位をa，十の位をb，一の位をcとすると3けたの数は100a＋10b＋c。

各位の数の和が3の倍数なので，a＋b＋c＝3n（nは自然数）と表すことができる。

100a＋10b＋c＝（99a＋9b）＋（a＋b＋c）

＝3（33a＋3b）＋3n＝3（33a＋3b＋n）

33a＋3b＋nは整数なので3（33a＋3b＋n）は3の倍数。

したがって，100a＋10b＋cは3の倍数。

※⑦のような文を「命題」といいます。命題が正しいとき，対偶は必ず正しいです。

4 答 2台

▶解説動画

A，B，Cのタイプの台数をそれぞれx，y，zとすると

x＋y＋z＝30…①

運べる量を，Aタイプを5とすると，Bタイプは3，Cタイプは2となる。

よって現在荷物を運べる量は5x＋3y＋2zとなる。

B，Cの台数を5倍にすると，運ぶ量は3倍になるから

5x＋5（3y＋2z）＝3（5x＋3y＋2z） 整理すると5x－3y－2z＝0…②となる。

①の式をyについて解くと，y＝30－x－z

この式を，②に代入してyを消去し，xとzだけの式にする。

（「AタイプとCタイプの台数の合計が最も少ない場合」とあるから。）

5x－3（30－x－z）－2z＝0 整理してzについて解くと z＝－8x＋90…③

合計が30台であることから考えて，この式が成り立つ（x, z）の組を求めると

（11，2）（10，10）（9，18）の3組だけとなる。

問題に，「AタイプとCタイプの台数の合計が最も少ない場合」とある。

x＋zの値が最も小さくなるのは3組の中で（11，2）。よって2台

【引用文献】
1 逢沢明『頭がよくなる論理パズル』2004年 P.45（PHP文庫）
2 4 『資料解釈 文章理解 判断推理 数的処理 実践150題』2011年 P.252, P.288（㈱都政新報社）

中学1年「ちょいムズ問題」

高橋薫　田中雅子　伊藤貴之

【1】22の約数は，1，2，11，22の4個である。このように，約数が4個だけの正の整数を，小さなものから順に並べるとき，8番目の整数を求めなさい。

【2】300以上500以下の6の倍数の個数を求めなさい。

【3】図は，ぴったり並べた空き缶をひもでしばったときの様子を表しています。空き缶の底面は，すべて大きさの等しい円として，斜線部分の面積を求めなさい。円周率はπとします。

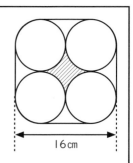

16cm

【4】77階建てのビルがあります。エレベーターで1階から9階まで昇るのに9秒かかりました。これと同じ速さで1階から77階まで昇るのに何秒かかりますか。求めなさい。

【5】図のように，長方形の紙を折り曲げてできる角①の大きさを求めなさい。

106°

①

【6】
$$\frac{5}{9} \times \left(\frac{13}{5} - \frac{2}{7}\right) - \frac{1}{24} \div 0.25$$
を計算しなさい。

【7】Aのコーヒー牛乳は，コーヒーと牛乳の割合が7：2であり，Bのコーヒー牛乳は，5：1の割合になっています。Aの分量を3，Bの分量を2の割合で混ぜると，コーヒーと牛乳の割合はどうなるか，求めなさい。

【8】正方形ABCDの中で図のように色を塗った部分の面積は，もとの正方形ABCDの面積の何倍ですか。

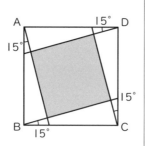

A　15°　D
15°
15°
B　15°　C

【9】ある法則にしたがって数が並んでいます。1段目から7段目までに並べられる数の総和は，いくつですか。

1段目	1
2段目	1　1
3段目	1　2　1
4段目	1　3　3　1
5段目	1　4　6　4　1

【10】五角形の辺の数と対角線の数の和を求めなさい。

【11】
2001+2002+2003+
―――――――+2019

を計算しなさい。

【12】3桁の自然数のうち，6，12，18のどれで割っても2余る最小の自然数を求めなさい。

【13】図は，長方形を組み合わせたものです。斜線部分の面積を求めなさい。

5m
15m　　2m
30m

【14】図は，直方体を組み合わせてできた立体です。体積を求めなさい。

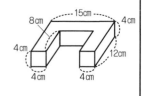

15cm
8cm　　　　4cm
4cm　　　　12cm
4cm　4cm

【解答】

【1】26 〈引用文献〉逢沢明『頭がよくなる数学パズル』2001年P.93（PHP研究所）	【2】34個	【3】(64−16π) cm²	
【4】85.5秒（76÷8×9） 〈引用文献〉藤村幸三郎　田村三郎『パズル数学入門』1977年P.77（講談社）	【5】58°	【6】$\frac{47}{42}$	【7】4：1 〈引用文献〉逢沢明『頭がよくなる数学パズル』2001年P.49（PHP研究所）
【8】$\frac{1}{2}$倍　〈引用文献〉ピーター・フランクル「ピーター・フランクルの算数教室」2000年P.126（講談社）		【9】127	【10】10
【11】38190	【12】110	【13】325㎡	【14】496㎤

中学2年「ちょいムズ問題」

高橋佳織　田中雅子　伊藤貴之

【1】図で, 同じ印がついた角の大きさは等しいです。∠ABCの大きさを求めなさい。

【2】
A＋B＝C
AC＝B
を満たす数A, B, Cの組み合わせは複数あります。そのうち, 一組求めなさい。負の数や, 小数, 分数でもかまいません。

【3】1辺が2cmの正方形の紙を, 右と上に1cmずつずらしながら並べていきます。紙をx枚並べたとき, 重なっていない部分の面積を求めなさい。

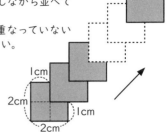

【4】中学生a人に1人4枚ずつ, 小学生b人に1人3枚ずつ折り紙を配ろうとすると, 200枚ではたりません。このときの数量の間の関係を, 不等式で表しなさい。

【5】ヒストグラムは, サッカー部の大会の得点を表しています。得点が3点の階級の相対度数を求めなさい。

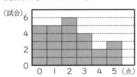

【6】一の位の数が6である2けたの自然数Aが, Aの各位の数の和の4倍に等しいとき, 自然数Aを求めなさい。

【7】図において, 印をつけた角の大きさの和を求めなさい。

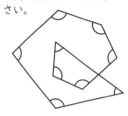

【8】△ABPと△ACQはどちらも正三角形です。このとき∠QRCの大きさを求めなさい。

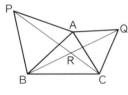

【9】2020に200以下の3桁の自然数nを加えた数は, 128で割り切れました。nの値を求めなさい。

【10】図の正八面体で, 辺ADとねじれの位置にある辺は何本ありますか。求めなさい。

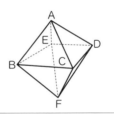

【11】
関数$y＝\dfrac{6}{x}$ のグラフ上にあり, x座標, y座標がともに整数である点は何個ありますか。答えなさい。

【12】自然数aを自然数bで割ると, 商が3で余りが4となりました。このとき, aをbを使った式で表しなさい。

【13】この展開図を組み立てて作られる立方体で, 辺MNと垂直な面は, どれですか。答えなさい。

【14】平行四辺形ABCDの辺BC上に点Eをとり, DCの延長とAEの延長との交点をFとします。このとき, △DECと面積が等しい三角形はいくつあるか答えなさい。

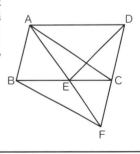

【解答】

【1】52°	【2】A＝0.5, B＝0.5, C＝1など〈引用文献〉逢沢明『頭がよくなる数学パズル』2001年P.33 (PHP研究所)	【3】$2x＋2$ (cm²)　(式) $2(x－2)＋3×2＝2x＋2$　など

【4】$4a＋3b＞200$〈引用文献〉福島県立入試問題2019年	【5】0.16〈引用文献〉京都府立入試問題2018年	【6】36〈引用文献〉三重県立入試問題2018年	【7】900°〈引用文献〉岡部恒治『四訂版 体系数学I (幾何編)』2019年P.97 (数研出版)
【8】60°〈引用文献〉岡部恒治『四訂版 体系数学I (幾何編)』2019年P.109 (数研出版)	【9】$n＝156$〈引用文献〉東京都立入試問題2018年	【10】4本〈引用文献〉奈良県立入試問題2016年	【11】8個〈引用文献〉徳島県立入試問題2016年
【12】$a＝3b＋4$〈引用文献〉山口県立入試問題2018年	【13】ウ, カ〈引用文献〉岐阜県立入試問題2017年	【14】2つ (△AECと△BFE)〈引用文献〉岡部恒治『四訂版 体系数学I (幾何編)』2019年P.126 (数研出版)	

中学3年「ちょいムズ問題」

田中雅子　伊藤貴之

【1】 $5(2x-y)-2(x-4y)$ を計算しなさい。	【2】平行四辺形ABCDで、AC＝14cm、AE：ED＝3：1のとき、線分AFの長さを求めなさい。 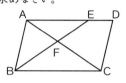	【3】1次関数$y=ax+b$のa、bで、$ab<0$が成り立つとき、この関数のグラフは、ア〜ウのどれですか。 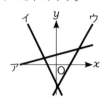	【4】ひし形ABCDで、∠ADCの大きさを求めなさい。 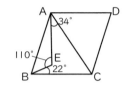

【5】図の八角形は円に内接しています。∠A、∠C、∠E、∠Gの和を求めなさい。

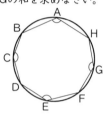

【6】A、B、Cの3人がじゃんけんを1回するとき、Aだけが勝つ確率を求めなさい。

【7】図のように、辺の長さが20の正方形の中に、同じ大きさの正方形を6個並べました。xの値を求めなさい。

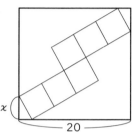

【8】辺の長さが5cmの正三角形が3つくっついた形があります。また、長さが5cmの黒と白の棒が1本ずつあります。この2本の棒を重ねずに図の辺の上に置いていきます。ただし、黒と白の棒は端をつけて置くようにし、離しておいてはいけません。棒の置き方は全部で何通りあるか求めなさい。

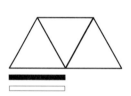

【9】枠には異なる9個の整数が入り、縦、横、対角線のいずれの列も、その和が同じになります。
アに当てはまる整数を求めなさい。

【10】イに当てはまる整数を求めなさい。

18	イ	22
	ア	
	16	

【11】0、1、1、2、2の5個の数字から、3個の数字を使ってできる3けたの自然数は全部で何個ありますか。

【12】表は、関数$y=ax+3$について、xとyの対応を表したものです。a、bの値を求めなさい。

x	-2	-1	0	1
y	11	7	b	-1

【13】図で$\ell\parallel m$のとき、∠xの大きさを求めなさい。

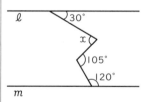

【14】y軸を対称の軸として、直線$y=2x+3$と線対称となる直線の式を求めなさい。

【解答】

【1】$8x+3y$	【2】6cm 〈引用文献〉岡部恒治『四訂版 体系数学2（幾何編）』2020年P.20（数研出版）	【3】ウ	【4】72°
【5】540° 〈引用文献〉岡部恒治『四訂版 体系数学1（幾何編）』2020年P.100（数研出版）	【6】$\dfrac{1}{9}$	【7】4 〈引用文献〉逢沢明『頭がよくなる数学パズル』2001年P.131（PHP研究所）	
【8】28通り 〈引用文献〉逢沢明『頭がよくなる数学パズル』2001年 P.155（PHP研究所）		【9】24 〈引用文献〉江戸川学園取手高校入試問題2019年	【10】32
【11】14個	【12】$a=-4$、$b=3$	【13】75°	【14】$y=-2x+3$

高校「ちょいムズ問題」

【1】$f(x)=x^2+ax+b$とします（a, bは整数）。すべての整数nに対して，$f(n)$が常に奇数になるための必要十分条件を求めなさい。

【2】四角形ABCDは$B=D=90°$で，$\sin A=\dfrac{2}{3}$，$BD=4$です。このときACを求めなさい。

【3】A, B, Cの三人がお互いの試験の得点について話をしています。Aは「私が最も得点が高い」と主張し，Bは「最も得点が高いのはCではない」と述べ，Cは「最も得点が高いのはAである」と言いました。
この話は，最も得点が高い人はただ一人であり，その人だけが真実を述べているとします。このとき，最も得点が高かったのは誰ですか。

【4】xについての三次式$f(x)$が次の等式を満たします。

$$f(1)=1,\ f(2)=-\frac{1}{2},\ f(3)=\frac{1}{3},\ f(4)=-\frac{1}{4},$$

このとき，$f(0)$の値を求めなさい。

【5】コインを20枚投げるとき表がちょうど10枚出る確率pと，コインを21枚投げるとき表がちょうど10枚出る確率qはどちらが大きいですか。

【6】$3^x+3^{-x}=5$のとき，xの値を求めなさい。

【7】グラフ$C:y=x^3-9x^2+20x-4$と
直線$l:y=-4x+16$は接しています。
接点の座標およびC, lが再び交わる点の座標をそれぞれ求めなさい。

【8】$a_n=pn+q$で定義される数列a_nに対して初項から第n項までの和をs_nとします。
$a_1=2$, $s_{12}=12$のとき，pとqの値を求めなさい。

【9】$\sin10°+\sin130°+\sin(-110°)$の値を求めなさい。

【10】xの整式$f(x)$を$(x-2)$で割ると余りが23となり，$(x+1)^2$で割ると余りが$x+3$になります。
$f(x)$を$(x-2)(x+1)^2$で割ったときの余りを求めなさい。

【解答】

【1】nが偶数のときはbが奇数。nが奇数のときは$a+b$が偶数。	【2】6	【3】B
【4】$\dfrac{103}{12}$	【5】pのほうが大きい	【6】$x=\log_3\left(\dfrac{5\pm\sqrt{21}}{2}\right)$
【7】接点の座標$(2,8)$，再び交わる点$(5,-4)$	【8】$p=-\dfrac{2}{11}$, $q=\dfrac{24}{11}$	
【9】0	【10】$2x^2+5x+5$	

【引用文献】
①張ヶ谷守晃『受験数学の裏ワザ50 数学ⅠA』2018年 P.158（エール出版社）（99年津田塾大）
②張ヶ谷守晃『受験数学の裏ワザ50 数学ⅠA』2018年 P.52（エール出版社）
④張ヶ谷守晃『受験数学の裏ワザ50 数学ⅠA』2018年 P.132（エール出版社）（早稲田大・教育）
③⑤吉田信夫『思考力・判断力・表現力のトレーニング数学ⅠA』2018年 P.15,P.168（東京出版）
⑥⑦吉田信夫『思考力・判断力・表現力のトレーニング数学Ⅱ』2019年 P.154,P.174（東京出版）
⑧張ヶ谷守晃『受験数学の裏ワザ50 数学ⅡB』2018年 P.136（エール出版社）（2002年センター試験）
⑩張ヶ谷守晃『受験数学の裏ワザ50 数学ⅡB』2018年 P.26（エール出版社）（東邦大・医）

初任者を救った「難問」の授業

　初任者の頃，私の授業技量は低く，とてもやんちゃなクラス（高校生）に苦労しました。
「先生の話を聞いてもつまらない」「先生の授業を受けるとバカになる」
　そんなことを陰で言われていました。
　ときに生徒が反抗して暴れていました。
　授業中，何度も物を投げられたことさえあります。

　「自分は教師に向いてない」と思ったとき，「難問」に出会いました。
　準備の余裕がなく，黒板に問題を書き，裏紙に答えさせました。
　「こんなのくだらねぇ」と言われると思って臨みましたが，**「先生楽しい！もう１問出して」。**
　数学が苦手なあの子も一生懸命問題を解いています。
　得意な子は何通りの答えを出して，答えを黒板に書いて説明しています。
　教師人生初めて「腹の底からの手ごたえ」をつかみました。
　それ以来不定期ですが，授業の最初に「難問」を出し，「難問」の時間を中心に集中する時間が増えていきました。

「俺，図形苦手だから解きたくない」
　何回か続けていくうちに，飽きる生徒が出てきてしまいました。
　彼の好きな計算問題を出しては，別の生徒が取り組まない，またその逆の状況がしばらく続きました。

　私はこの箇所を読み落としていました。

むずかしい問題を（しかも，できそうなのを）出すのが一つのポイントだ。
続いて，たくさん用意するのが二つ目のポイントだ。
そして，「どれでもいいから一問だけときなさい」というのが三つ目のポイントである。
あとは，褒め続ければよい。○か×をつけてやればいい。
（『教え方のプロ・向山洋一全集24』「向山型算数」以前の向山の算数 P.122）

　「難問」は，ただ解けそうで解けない問題を出し続ければ良いと思い込んでいました。
　「難問」には「システム」が存在し，運用することでどの子も熱中し数学が好きになるのです。
　それ以降は準備が大変でしたが，複数の分野やレベルの問題を用意し，生徒に問題を選ばせていました。最初は準備が大変でしたが，安心して取り組ませることができます。

また「どれでもいいから一問だけときなさい」の加減が私にとって難しかったです。

　当時の私なりに問題を，①数など書き出して解く問題，②決まりを見つけて解く問題，③考え方が独特な問題などと分類し，ミックスさせて出題しました。

　徐々にですが，熱中度が増していき，「先生，もう１問似たような問題を出して！」とリクエストが出てきました。

　まさに「『難問』がシステムである」と思った瞬間です。

　「問題が与えられる」のではなく，「自分で選んだから解いてみたい」と思わせる工夫こそ「難問」の醍醐味であると思います。

　私もこの「難問」を活用します。練習問題を早く解き終わった生徒は退屈してしまいます。本書を活用してその生徒の知的好奇心を刺激したいです。また，単元の発展問題や空いた時間の教材として生徒たちに与えるつもりです。生徒たちは普段とはまた違った熱中を見せたり，そのなかで新しいコミュニケーションを見せたりするでしょう。

　最後になりましたが，「難問」シリーズの出版を認めてくださったTOSS最高顧問向山洋一先生，編集の機会を与えてくださった木村重夫先生，向山型数学代表井上好文先生，学芸みらい社樋口雅子編集長，執筆してくださった全国の教師たちに心から感謝いたします。

令和３年６月27日　向山型数学セミナー当日に
　　　　　　　　　　　　　　TOSS東京MY SPACE 代表　　**村瀬　歩**

◎執筆者一覧

伊藤圭汰　愛知県日進市立日進東中学校教諭

伊藤貴之　東京都文京区立第六中学校指導教諭

海老井基広　北海道留萌高等学校教諭

大森雄一　富山県富山市立中学校教諭

加藤佑典　富山県上市町立上市中学校教諭

髙橋佳織　北海道登別市立緑陽中学校教諭

髙橋　薫　宮城県松島町立松島中学校教諭

田中雅子　東京都私立中高一貫校教諭

町田貴司　神奈川県海老名市立中学校教諭

若松新之介　茨城県龍ケ崎市立城南中学校教諭

◎編著者紹介

木村重夫（きむら しげお）

1983年 横浜国立大学卒業
埼玉県公立小学校教諭として34年間勤務
2018年〜現在 日本文化大学講師
TOSS埼玉代表，TOSS祭りばやしサークル代表
〈著書・編著〉
『成功する向山型算数の授業』『続・成功する向山型算数の授業』
『算数の教え方には法則がある』『教室熱中！難問1問選択システム』1〜6年（明治図書）
〈共同開発〉
『うつしまるくん』（光村教育図書）『向山型算数ノートスキル』（教育技術研究所）

村瀬 歩（むらせ あゆむ）

1981年 愛知県生まれ 2013年3月 東京理科大学理学専攻科修了
現在 東京都立工芸高等学校勤務
TOSS東京MY SPACE代表
授業力・クラス経営力を高めるために学習会を開催している
向山型数学事務局，TOSS高校事務局

星野優子（ほしの ゆうこ）

2005年 筑波大学卒業
埼玉県公立中学校教諭
TOSS志士舞所属，TOSS輪舞代表。
執筆論文：「長谷川博之の「成功する生徒指導」の原則」長谷川博之編（学芸みらい社）
「中学生にジーンと響く道徳話100選 ―道徳力を引き出す"名言逸話"活用授業」長谷川博之編（学芸みらい社）
「中学の学級開き 黄金のスタートを切る3日間の準備ネタ」長谷川博之編（学芸みらい社）他

教室熱中！ めっちゃ楽しい
数学難問1問選択システム
別巻 中学・高校レベル相当編

GAKUGEI
MIRAISHA

2021年10月10日 初版発行

編著者 木村重夫・村瀬 歩・星野優子
発行者 小島直人
発行所 株式会社学芸みらい社
　　　　〒162-0833 東京都新宿区箪笥町31 箪笥町SKビル
　　　　電話番号 03-5227-1266
　　　　http://www.gakugeimirai.jp/
　　　　E-mail : info@gakugeimirai.jp
印刷所・製本所 藤原印刷株式会社
企 画 樋口雅子
校閲・校正 佐分利敏晴
本文組版 橋本 文
ブックデザイン 小沼孝至

教室熱中! めっちゃ楽しい
算数難問1問選択システム

うーん、難しい。 出来そう! 出来た!

動画のマスコット「ライオンくん」(作:山戸 麦)

●木村重夫=責任編集
☆B5版・136頁平均・本体2,300円(税別)

1巻 初級レベル1=小1相当編
堂前直人+TOSS/Lumiere

2巻 初級レベル2=小2相当編
中田昭大+TOSS流氷

3巻 中級レベル1=小3相当編
松島博昭+TOSS CHANCE

4巻 中級レベル2=小4相当編
溝口佳成+湖南教育サークル八方手裏剣

5巻 上級レベル1=小5相当編
岩田史朗+TOSS金沢

6巻 上級レベル2=小6相当編
林 健広+TOSS下関教育サークル

別巻 数学難問=中学・高校レベル相当編
村瀬 歩・星野優子+向山型数学研究会

デジタル時代に対応! よくわかる動画で解説

　各ページに印刷されているQRコードからYouTubeの動画にすぐにアクセスできます。問題を解くポイントを音声で解説しながら、わかりやすい動画で解説します。授業される先生にとって「教え方の参考」になること請け合いです。教室で動画を映せば子どもたち向けのよくわかる解説になります。在宅学習でもきっと役立つことでしょう。

教科書よりちょっぴり難しい「ちょいムズ問題」

　すでに学習した内容から、教科書と同じまたはちょっぴり難しいレベルの問題をズラーッと集めました。教科書の総復習としても使えます。20問の中から5問コース・10問コース・全問コースなどと自分のペースで好きな問題を選んで解きます。1問1問は比較的簡単ですが、それがたくさん並んでいるから集中します。

子ども熱中の難問を満載!

　本シリーズは、子どもが熱中する難問を満載した「誰でもできる難問の授業システム事典」です。みなさんは子どもが熱中する難問の授業をされたことがありますか? 算数教科書だけで子ども熱中の授業を作ることは高度な腕を必要とします。しかし、選び抜かれた難問を与えて、システムとして授業すれば、誰でも子ども熱中を体感できます。

これが「子どもが熱中する」ということなんだ!

　初めて体験する盛り上がりです。時間が来たので終わろうとしても「先生まだやりたい!」という子たち。正答を教えようとしたら「教えないで! 自分で解きたい!」と叫ぶ子たち。今まで経験したことがなかった「手応え」を感じることでしょう。